Verliebt sein und lieben

Francesco Alberoni

Verliebt sein und lieben – Revolution zu zweit

Aus dem Italienischen
übertragen von Mara de Feo

Deutsche Verlags-Anstalt

Titel der italienischen Originalausgabe:
Innamoramento e amore,
Garzanti, Mailand 1979

CIP-Kurztitelaufnahme der Deutschen Bibliothek

Alberoni, Francesco:
Verliebt sein und lieben : Revolution zu zweit / Francesco Alberoni. Aus d. Ital. übertr. von Mara de Feo. – Stuttgart : Deutsche Verlags-Anstalt, 1983.
Einheitssacht.: Innamoramento e amore ⟨dt.⟩
ISBN 3-421-06145-9

Verantwortlicher Lektor: Ursula Locke
Gesamtherstellung: Clausen & Bosse, Leck
Printed in Germany

ERSTES KAPITEL

Was geschieht, wenn wir uns verlieben? Was heißt es, verliebt zu sein? *Verliebt sein ist der Zustand, aus dem heraus eine Kollektivbewegung zu zweit entsteht.* Diese Definition könnte am Ende einer langen Kette gesammelter Fakten, deren Analyse und Interpretation stehen. Ich habe es vorgezogen, sie an den Anfang zu stellen. So können wir sie als Leitfaden nutzen, während wir uns auf die Reise in Bereiche begeben, die uns allen nicht fremd sind. Denn alle haben wir den Zustand des Verliebtseins, obwohl er doch rätselhaft und von flüchtiger Dauer ist, selbst erfahren. Wenn ich ihn so definiere, dann stelle ich damit die Frage, was es heißt, verliebt zu sein, auf eine neue Weise, von einem anderen Gesichtspunkt her, als er von der Psychologie, der Soziologie und selbst der Kultur überliefert worden ist. Verliebtheit ist weder ein alltägliches Phänomen noch eine Sublimation der Sexualität, noch eine Laune der Phantasie. Aber es ist auch kein Phänomen »sui generis«, unerklärbar, göttlich oder teuflisch. Es ist ein Phänomen, das anderen bereits bekannten Phänomenen zugeordnet werden kann: den Kollektivbewegungen! Unter diesen hat es sicherlich eine unverwechselbare Individualität, das heißt, der Zustand des Verliebtseins kann nicht mit anderen Arten von Kollektivbewegungen, wie zum Beispiel der protestantischen Reformation, der Studentenbewegung, der feministischen Bewegung oder der islamischen Bewegung des Chomeini verwechselt werden.* Dennoch ist Verliebtheit von gleicher Art. Wir haben den Fall einer sehr speziellen Kollektivbewegung vor uns. Zwischen den großen historischen Bewegungen und der Verliebtheit besteht eine enge Verwandtschaft, die Art der Kräfte, die frei werden und agieren, ähneln sich. Viele der emotionalen Erfahrungen wie Gefühle der Solidarität, der Lebensfreude, der Erneuerung, sind gleich.

Der grundsätzliche Unterschied liegt in der Tatsache, daß die großen Kollektivbewegungen von vielen Personen getragen werden und dem Dazukommen immer weiterer Personen offenstehen. Die Verliebtheit hingegen, obwohl sie eine Kollektivbewegung ist, entsteht nur zwischen zwei Personen. Gleichgültig, wie weit die universale Bedeutung gespannt sein mag, Verliebtheit ist gekennzeichnet durch ihre Begrenztheit, durch die Tatsache, daß sie sich zwischen zwei Personen allein abspielt. Dies ist der Grund ihrer Besonderheit, ihrer Einzigartigkeit, dies ist es, was ihr einige ihrer unverwechselbaren Züge verleiht!

---

* Zu diesem Problem allgemein siehe Francesco Alberoni, *Movimento e istituzione,* Il Mulino, Bologna 1977.

Viele Soziologen haben sich schon mit den Kollektivbewegungen beschäftigt und haben die besondere Art von Erfahrung, die sie prägen, beschrieben. So schreibt zum Beispiel Durkheim über die kollektive Erregung:

»Der Mensch, der diese Gefühle erfährt, hat den Eindruck, daß er von Kräften beherrscht wird, die er nicht als die seinen erkennt, die ihn leiten, deren er nicht Herr ist, ... Er fühlt sich gleichsam in eine Welt versetzt, die anders ist als die, in der seine private Existenz verläuft. Das Leben ist dort nicht allein intensiv; es ist qualitativ anders. Von der Kollektivität mitgerissen, gibt das Individuum das Interesse an sich selbst preis, es vergißt sich, widmet sich ganz den gemeinsamen Zwecken. ... die so entfesselten Kräfte, ... haben das Bedürfnis, sich auszubreiten um des Sichausbreitens willen, aus Spielerei, ziellos, ... In solchen Momenten wird freilich dieses höhere Leben so intensiv und so ausschließlich gelebt, daß es nahezu das gesamte Bewußtsein des Einzelnen ausfüllt, daß es mehr oder weniger vollständig alle gewöhnlichen, egoistischen Gedanken vertreibt.«*

Als Durkheim dies schrieb, dachte er nicht an das Verliebtsein. Er hatte die Französische Revolution und andere große revolutionäre Ereignisse im Auge. In Wirklichkeit ist die Erfahrung, die er beschreibt, viel verbreiteter. Man findet sie bei den großen histo-

---

* Emile Durkheim, *Soziologie und Philosophie,* Suhrkamp Taschenbuch Wissenschaft 176, Frankfurt 1967, S. 150–151.

rischen Ereignissen, aber auch bei Bewegungen, die sich in kleineren Dimensionen halten. In allen Kollektiv-Bewegungen entwickeln sich diese Eigenschaften in der Anfangsphase. Wir werden diese Phase später den Entstehungszustand nennen. Verblüffend ist, daß die Beobachtungen Durkheims auch für den Zustand der Verliebtheit zutreffen. Ein weiteres Beispiel gibt uns Max Weber in seiner Studie der Phänomene, in welchen sich Kreativität, Begeisterung und Treue zeigen. Er definierte sie allerdings als Kräfte, die vom Auftreten eines »charismatischen Führers« abhängig sind.* Ein charismatischer Führer bricht mit allen Traditionen, führt seine Anhänger in ein heldenhaftes Abenteuer, und in denen, die ihm folgen, erweckt er ein Gefühl der inneren Wiedergeburt, eine »Bekehrung« im paulinischen Sinne.

Unter einem charismatischen Führer verdrängen ökonomische Probleme nicht die freie Entwicklung von Gefühlen der Treue und von Idealen, ein Leben voll Begeisterung und Leidenschaft ist möglich. All diese Gefühle ordnet Weber dem charismatischen Führer zu. Wir verdanken sie laut Weber ihm. Im Grunde macht Weber den Fehler, den jeder von uns begeht, wenn er verliebt ist: Wir schreiben die außergewöhnliche Erfahrung, die wir durchleben, ausschließlich der geliebten Person zu. Diese unterscheidet sich aber in nichts von anderen Personen, so wie

* Max Weber, *Wirtschaft und Gesellschaft*, J. C. B. Mohr (Paul Siebeck) Tübingen 1956.

wir selbst uns auch nicht von den anderen unterscheiden. Es ist die Art der Verbindung, die sich zwischen uns entwickelt hat, die wir lieben; die Art der außergewöhnlichen Erfahrung, die wir erleben – sie ist es, die die geliebte Person anders und außergewöhnlich macht. Sie ist es, die aus beiden etwas Einzigartiges werden läßt.

Setzen wir hier unseren Ausgangspunkt. In der Geschichte wie auch im täglichen Zusammenleben gibt es besondere Phänomene – die kollektiven Bewegungen –, durch die sich die menschlichen Verbindungen grundsätzlich, total verändern; durch die sich die Lebensqualität und die Erfahrungen verwandeln. Es sind dies die Momente, in denen Religionen geboren werden – wie der Islam, das Christentum, die Reformation –, es gibt sie aber auch in den Ketzerbewegungen, den Gewerkschafts- oder Studentenbewegungen. Es sind die Momente, in denen ein neues »Wir« entsteht, das sich durchaus mit dem »Wir« der zwei Personen vergleichen läßt, die das verliebte Paar konstituieren. Innerhalb einer Sozialstruktur besteht immer die Tendenz, daß sich Vereintes trennt und Getrenntes vereint, um neue Verbindungen, ein neues Kollektiv einzugehen. Handelt es sich um Verliebtheit, dann umschließt dieses neue »Wir« wie gesagt zwei Menschen: den Liebenden und den Geliebten. Im einen wie im anderen Fall haben die Kräfte, die die Bewegung in Gang bringen und tragen, die gleiche Stärke und das gleiche Ziel.

Bis jetzt weigerten sich Soziologen, Psychologen

und Philosophen, vielleicht aus einer Art Schamgefühl, einzusehen, daß die großen historischen Prozesse mit den privaten, alltäglichen Phänomenen wie der Verliebtheit, etwas gemeinsam haben. Es gibt so etwas wie eine Arroganz der Größe! Wissenschaftler wollen sich meist nur mit wichtigen, bedeutungsvollen, zentralen Dingen des sozialen Lebens beschäftigen. Die Verliebtheit zwischen zwei einfachen Menschen, zum Beispiel zwei Jugendlichen, die Leidenschaft zwischen einer Lehrerin und einem Gärtner, zwischen einem Herrn mittleren Alters und seiner Sekretärin, kamen ihnen so ärmlich und unbedeutend, so ohne jegliche Wichtigkeit vor, daß sie überhaupt nicht daran dachten, daß die Kräfte, die in Verhältnissen dieser Art freigesetzt werden, die gleichen sein könnten wie bei den großen Kollektivbewegungen. Wir kennen dieses Phänomen aus der frühen Biologie. Auf der einen Seite steht der Mensch, der Herr der Schöpfung, gottähnlich geschaffen, dann folgen die höheren Tiere, wie Pferd und Löwe, ganz unten die Würmer, die Ameisen, die Weichtiere. Und doch wissen wir heute, daß in allen Tieren die Zellstruktur die gleiche ist, die Zusammensetzung der Proteine, der DNA, der Plan der Nervenzellen. Natürlich unterscheidet sich der Mensch von den höheren Tieren, und wir können natürlich ein Pferd von einem Wurm unterscheiden! Aber der Unterschied besteht vor allem im biologischen, biochemischen und genetischen Mechanismus. Und hier ist alles wesentlich komplexer. Um die Dinge wirklich zu verstehen, müssen sie genau studiert werden. Die einfachen wie die komplizierten. Die Gemeinsamkeiten und die Unterschiede. Die Verliebtheit ist die einfachste Art einer Kollektivbewegung. Sie darf nicht mit der Französischen Revolution oder der Begeisterung der ersten Protestanten verwechselt werden! Es stimmt auch nicht, daß eine Revolution aus der Summe vieler Verliebtheiten entsteht!

Mit dieser Definition – Verliebtheit als den Entstehungszustand einer Kollektivbewegung zu zweit zu sehen – haben wir uns eine Art theoretisches »Zuhause« geschaffen, in dessen Bezugsrahmen wir über den geheimnisvollen Zustand der Verliebtheit reden können. Und die These, daß die Verliebtheit eine kollektive Bewegung sei, gibt uns ihrerseits ein hervorragendes Instrument in die Hand, um größere Bewegungen genauer zu verstehen. Denn Bewegungen größeren Ausmaßes sind selten, obgleich sie sich ab und zu ereignen. Eine Person ist möglicherweise in ihrem Leben nie in eine größere Bewegung verwikkelt. Zudem, wenn Tausende und Millionen Menschen daran teilnehmen, wenn die gesamte ökonomische und strukturelle Problematik, alle möglichen ideologischen Auslegungen, berücksichtigt werden müssen, wird das Studium der elementaren Mechanismen äußerst schwierig. Dagegen ist die Verliebtheit eine Erfahrung, die wir alle machen, jeder kann überprüfen, was er selbst erlebt hat, jeder hat etwas zu sagen. Das Studium der Verliebtheit wird so zum

Schlüssel, der Türen zu anderen Phänomenen öffnet, die wesentlich komplexer und ungreifbarer sind als die Erfahrungen einer einzelnen Person.

Wenn wir uns also ausschließlich mit dem Phänomen der Verliebtheit beschäftigen, erkennen wir schnell, daß zumindest ein Zug besonders charakteristisch ist. Verliebtheit gehört – wie alle kollektiven Bewegungen – in die Reihe der Außergewöhnlichkeiten. Damit haben wir uns bereits der üblichen Denkweise entzogen, die nicht bereit ist anzuerkennen, daß die Verliebtheit ein Zustand ist, der nichts mit dem alltäglichen Leben und nichts, auch wenn dies allgemein angenommen wird, mit der Sexualität zu tun hat. Verliebtheit als Sexualität zu deuten, verschleiert das Problem eher, und um diese Verschleierung auszuschließen, wollen wir uns im nächsten Kapitel mit der Sexualität beschäftigen. Dabei entdekken wir, daß auch für die Sexualität der Unterschied zwischen alltäglich und außergewöhnlich besteht.

ZWEITES KAPITEL

Einer etwas diffusen Aussage nach besteht der Unterschied zwischen der menschlichen und der tierischen Sexualität darin, daß die der Tiere zyklisch sei. Die Sexualität im Tierreich trete explosionsartig zu bestimmten Jahreszeiten auf, um anschließend wieder zu verschwinden. Beim Menschen dagegen bestehe das sexuelle Verlangen immer, und wenn es sich nicht mit Intensität zeige, heiße dies, daß es unterdrückt werde. Die Sexualität wird also in die gleiche Klasse der Bedürfnisse eingereiht wie Schlaf und Hunger. Bedürfnisse, die immer da sind, in gleichbleibender Stärke, jeden Tag. Dies ist eine Konzeption, die sich durch die Vulgarisierung der Psychoanalyse eingeschlichen hat. Freud hat, bei der Suche nach einer ursprünglichen Lebensenergie, diese anfänglich in der Sexualität gesehen. Da wir leben, muß natürlicherweise diese Lebensenergie so etwas wie Kontinuität besitzen. Auf diesem Postulat basieren heute alle Dissertationen über die sexuelle Misere. Alle sind sie Früchte von Unterdrückung und Herrschaft, die, von den obskuren Überlegungen von Reich und Marcuse angefangen inzwischen bis zu den zweifelhaftesten demoskopischen Umfragen reicht.*

Was wird bei diesen Umfragen in Abwandlungen immer wieder festgestellt? Daß Frauen und Männer eine begrenzte Anzahl sexueller Begegnungen pro Woche haben, meist kurz und mehr oder weniger mit dem gleichen Partner. Die Sexualität ist also spärlich und nicht sehr intensiv; diese Sexualität hat Ähnlichkeit mit dem Bedürfnis zu essen und zu trinken. Aber irgendwie wissen wir, daß es so nicht sein muß, daß es ganz anders sein kann! Woher kommt diese Sicherheit? Für mich scheint folgendes die Antwort zu sein: Alle Männer und alle Frauen haben in ihrem Leben Zeiten erlebt, in denen die sexuelle Erfahrung intensiv, außergewöhnlich und erregend war. Und sie wünschen sich, daß es immer so wäre. Diese außergewöhnlichen Zeiten werden zum Maßstab für die alltägliche Sexualität genommen. Für die Sexualität, die mit den demoskopischen Umfragen gemessen wird, und die wir gewohnheitsgemäß praktizieren.

Wenn wir genauer über die Tatsache nachdenken, daß wir alle kurze Perioden von außergewöhnlicher Sexualität und lange Perioden von alltäglicher Sexualität erlebt haben, wird klar, daß auch im Menschen die Sexualität kein kontinuierliches Bedürfnis ist wie essen und trinken. Sie ist eher etwas, was, wie alle anderen Bedürfnisse, in seiner einfachsten Form im-

---

* Giampaolo Fabris, Rowena Davies, *Il mito del sesso*, (Mondadori) Milano 1978, S. 367.

mer da ist. Sie bekommt aber in manchen Zeiten, Zeiten der Liebe, eine total andere Intensität, eine *außergewöhnliche* Intensität.

Beim Menschen gibt es keinen biologischen Zyklus der Sexualität. Aber wie bei den Tieren ist die menschliche Sexualität auch nichts kontinuierlich Vorhandenes, sondern zeigt sich in ihrer ganzen Schönheit nur in Zeiten der Liebe.

In diesen Zeiten ist sie unerschöpflich, obwohl sie sich vollständig erfüllt. Tag für Tag leben wir »umschlungen« mit der geliebten Person, aber nicht nur die rein sexuelle Verbindung und deren Dauer zählt, sondern jeder Blick, jede Berührung, jeder Gedanke an den Geliebten hat eine erotische Intensität, die hundert-, ja tausendmal stärker ist als die der alltäglichen sexuellen Verbindungen.

In diesen Zeiten weitet sich unser körperliches und sensitives Leben; es wird intensiver; wir nehmen Düfte wahr, die uns zuvor nicht aufgefallen sind; wir sehen Farben und Lichter, die wir noch nie erblickt haben. Auch unser intellektuelles Leben steigert sich, wir begreifen Dinge, die uns zuvor bedeutungslos erschienen sind. Eine Geste, ein Blick, eine Bewegung der geliebten Person trifft uns im Innersten; sie erzählt von sich, von ihrer Vergangenheit, von ihrer Kindheit, und wir verstehen ihre Gefühle, unsere Gefühle. Wir entwickeln ein Gespür dafür, was in uns selbst und in anderen echt ist, denn wir sind ehrlich geworden. Wir errichten eine Welt der Phantasie, in der wir nie müde werden, den Geliebten wiederzufinden. Es ist dies der Reiz der Sexualität, der Wunsch, Glück zu geben und zu nehmen, es ist das einzige, was der Liebende hat. Im Geliebten lieben wir alles, bis hin zum Innersten seines Körpers, seiner Leber, seinen Lungen. Die sexuelle Verbindung ist der Wunsch, im Körper des anderen zu leben. Darin zu leben und von ihm gelebt zu werden. Es ist eine Verbindung, die körperlich ist, die sich aber zärtlich auf die Schwächen des Geliebten, seine Arglosigkeit, seine Fehler, seine Unzulänglichkeiten erstreckt. Es gelingt uns sogar, eine Wunde beim anderen zu lieben, weil unsere Zärtlichkeit sie verklärt.

Aber all das bezieht sich nur auf eine Person, eben auf die geliebte. Im Grunde ist es gleichgültig, wie und was der andere ist, denn mit der Verliebtheit wächst eine unendliche Kraft, die jeden von uns unaustauschbar und für den anderen einzigartig macht. Der andere, der Geliebte, kann nur noch dieser einzige Mensch sein, er wird zu etwas Außergewöhnlichem. Das geschieht oft gegen unseren Willen, oft merken wir es nicht und glauben noch eine lange Zeit, ohne den anderen auskommen zu können oder mit einer anderen Person gleich glücklich zu sein. Aber wir täuschen uns, eine kleine Trennung reicht aus, und wir wissen, daß der geliebte Mensch etwas Unverwechselbares an sich hat, etwas, das uns immer gefehlt hat, was wir durch ihn entdeckt haben und was wir ohne ihn nie mehr finden würden. Oft finden wir sogar eine Besonderheit: die Hände, die Form der Brüste, eine Körperfalte, die Stimme – es ist unwichtig, was es ist. Es symbolisiert die Verschiedenheit und die Einzigartigkeit dieser bestimmten Person. Es ist das »Zeichen«, das »Charisma«. Der Eros, die außergewöhnliche Sexualität, ist monogam.

Wir sehen also, daß die menschliche Sexualität sowohl einen normalen, alltäglichen, wie einen außergewöhnlichen, einzigartigen Aspekt hat. Dieser letztere Aspekt zeigt sich aber nur in besonderen Momenten, dann, wenn wir total, stürmisch verliebt sind. Die Sexualität des Alltags begleitet uns wie Essen und Trinken, sie gehört zu unserem Leben, zu der Zeit, die wir meßbar, verfügbar im Griff haben, indem wir sie mit Hilfe unserer Uhren in Stunden und Minuten einteilen. Die außergewöhnliche Sexualität erscheint dagegen nur in Momenten, in denen die Lebenskraft neue und andre Wege sucht. Dann wird Sexualität zum Vermittler, durch die das Leben die Grenzen des Möglichen erforscht: Die Horizonte des Imaginären und der Natur: Das ist der Entstehungszustand.

Diese Sexualität ist an die Intelligenz und an die Phantasie, an die Begeisterungsfähigkeit und die Passion gebunden. Sie verbündet sich. Es ist ihre Natur, zu verändern und vorausgegangene Verbindungen zu zerbrechen. Der Eros ist eine revolutionäre Kraft, auch wenn er sich auf zwei Personen beschränkt. Revolutionen gibt es allerdings nur wenige im Leben. Daher kann die außergewöhnliche Sexualität nicht nach Verlangen heraufbeschworen werden. Sie zeichnet die Wendepunkte im Leben und auch die Versuche zu solchen aus. Sie ist gefährlich. Sie ist für uns eine dauernde Hoffnung und eine Quelle fortlaufender Sehnsucht, aber wir fürchten sie. Um uns dagegen zu wehren, benutzen wir das gleiche Wort zur Beschreibung von Eros und alltäglicher Sexualität, wir degradieren diese außergewöhnliche Erfahrung, indem wir alles in einen Topf werfen und es Sex heißen. Sex ist das, wovon die demoskopischen Umfragen handeln, die immer dieselben Dinge entdecken. Dinge, die wir alle bereits wissen, die uns aber beruhigen, weil sie uns zeigen, daß auch die anderen in der gleichen sexuellen Misere leben, also die gleiche alltägliche Sexualität praktizieren. Aber die Umfragen haben auch die Funktion, uns zu täuschen. Sie tun dies, wenn sie uns Möglichkeiten vorgaukeln, wie wir unser Glück steigern könnten. Werden wir glücklicher sein, wenn wir zehnmal den Geschlechtsakt ausüben statt nur viermal, wenn die Dauer des Beischlafs künstlich verlängert wird, wenn wir, was uns als besonders anregend gepriesen wird, mit mehreren verschiedenen Personen schlafen? Dies alles soll uns täuschen, denn in Wirklichkeit verändert sich überhaupt nichts, ob wir einen oder neunundneunzig Geschlechtspartner haben. Wer es versucht hat, weiß dies, denn meist versucht er es genau dann, wenn er die eine bestimmte Person ersetzen will, die allein Frieden geben kann. Allein dieser geliebte Mensch kann Augenblicke von Ewigkeit vermitteln.

Wir, die wir gewohnt sind, alles nach Stunden, Ta-

Quasimodo

Zwischendank.

Ich danke Dir fürs lesen! Fürs Sprechen kann ich's nicht leisten so schön zu sagen "Ich danke Dir"!

oder nicht?

Abelard + Heloise ?

gen, Minuten zu messen, vergessen ganz, daß in der außergewöhnlichen Sexualität, in Zeiten der Liebe gerade die Zeit eine andere ist. Um die beiden Arten eines glücklichen Lebens zu bezeichnen, hat der japanische Buddhismus zwei Begriffe: NIN und TEN. Das NIN ist die Welt des Friedens und der alltäglichen Ruhe. Das TEN ist der außergewöhnliche Augenblick der Gefühle und der Liebe. Das NIN ist also schon Freude. Ein Tag NIN entspricht einem Jahr in einer Welt ohne Ruhe. Aber ein Tag im TEN entspricht Tausenden oder Zehntausenden von Jahren. Im Entstehungszustand wird die Gegenwart verewigt. Und wenn wir unsere Liebe verlieren, gleicht eine Stunde, in der wir warten, dem Warten von Jahren oder Jahrhunderten, und das Heimweh nach der Ewigkeit des Augenblicks der Liebe begleitet uns immer.

DRITTES KAPITEL

Im Zustand der Verliebtheit spricht auch der einfachste Mensch die Sprache der Poesie und des Mythos, eine heilige Sprache. Das Heilige und das Mythische entstehen in dieser außergewöhnlichen Situation, dem Entstehungszustand, genau wie andere kollektive Bewegungen verschiedenster Art. Die Psalmen Davids, die mystische Poesie eines Rumi und eines Dante, die Dichtungen von Neruda und Quasimodo richten sich auf sehr verschiedene Liebesobjekte. Bei Rumi ist es Gott, Dante verehrt Beatrice, Neruda und Quasimodo besingen das Vaterland, die Kameradschaft, die Freundschaft. Doch der Ton, die Hoffnung, die Einstellung zum Schicksal, das Ethos sind die gleichen. Ja, noch mehr: Die Sprache Verliebter, die in ihrer Liebe gehindert werden, klingt wie die Erklärung der Menschenrechte. Sie sprechen die universale Sprache des Verlangens, die universale Sprache der Befreiung und des Rechts: die Sprache des triumphierenden Lebens, eine Sprache, die ihre eigene Ethik hat. Dies finden wir in allen größeren Bewegungen – aber eben auch bei der Verliebtheit. Verliebt zu sein schafft ein Gegengewicht zur Gewohnheit, gegen die Interessen, gegen die Institutionen; um aber ein gleichwertiges Gegengewicht, ein »Recht« zu schaffen, müssen die Liebenden ein Wertsystem entwickeln, das gleichrangig ist mit dem Wertsystem der Institutionen. Verliebte mißtrauen dem Wertsystem der Institutionen von Grund auf. Die Natur der Verliebtheit besteht genau darin, daß sie kein Wunschtraum, keine persönliche Laune, sondern eine Bewegung, Träger eines Projektes ist – und selbst wieder Institutionen schafft.

Alle Kollektivprozesse trennen etwas, was verbunden war, und vereinen etwas, was getrennt war (immer von der Tradition, von der Gewohnheit, von der Institution her gesehen). Das Urchristentum trennte die Hebräer von ihrer nationalen Religion; es trennte römische Bürger von ihren Kaiserkulten und vereinte Hebräer und Nicht-Hebräer. Der Islam trennte die Ägypter vom Pharaonenkult, die Perser von Zarathustra und vereinte Araber, Perser und Ägypter auf eine neue Art. Auch die Verliebtheit reißt, wenn sie in der Geschichte des Abendlandes erscheint, alte Strukturen nieder und trennt, was vordem zusammengehörte. Alle archaischen Gesellschaften, ländliche wie feudale, waren auf einer Verwandtschaftsstruktur aufgebaut. Wie Lévi-Strauss aufzeigte, ist das verwandtschaftliche System ein System, in dem Differenzen und Auseinandersetzungen herrschen. Eine Gruppe, eine Gemeinschaft, ein Clan gibt einem anderen Clan eine Frau, und bekommt im Wechsel dafür wieder eine Frau zurück. Das Paar ist also das Ergebnis von Beziehungen innerhalb ganz bestimmter Strukturen. Die Wahl der Ehefrau ist eine Transaktion zwischen zwei Clans und im allgemeinen wird sie auch direkt von diesen vorgenommen. Dies kann auch von einzelnen ausgehen, aber wiederum nur innerhalb eines Clans – und nur in diesem. In der feudalen Welt spielt sich dies zwischen den einzelnen feudalen Familien ab und auch hier wieder nur zwischen bestimmten Familien. Aber mit der Schwächung des Feudalsystems, mit der Entwicklung des Bürgertums und der Möglichkeit Reichtum anzusammeln, Erfolg zu haben, mit der Entwicklung der Kultur und dem damit verbundenen Prestige lockerten sich diese strengen Bindungen, man entdeckte, daß es andere Möglichkeiten gab. Doch verstehen wir uns richtig: Die Regeln innerhalb der verwandtschaftlichen Systeme existieren immer noch; sie zu überschreiten bedeutet eine Zuwiderhandlung, die bestraft wird. Aber während es früher nicht möglich war, sich auch nur vorzustellen aus diesem System ausbrechen zu wollen, kann man inzwischen daran denken.

Den Anfang einer kollektiven Bewegung kennzeichnet immer folgendes: Auf der einen Seite haben wir ein System von Gesetzen und Institutionen, die weiterexistieren, während in der Gesellschaft Veränderungen entstehen, neue Klassen sich bilden, neue Kräfte und neue Möglichkeiten sich auftun. All dies gilt auch für die Verliebtheit. Innerhalb der Feudalgesellschaft, in der die Strukturen der verwandtschaftlichen Beziehungen weiterexistierten, aber auch zwischenzeitlich ein neues Bürgertum entstand, eine neue Intellektualität, schlug die Verliebtheit wie ein Blitz zwischen zwei Individuen, die zu zwei unvereinbaren Systemen gehörten. Sie suchen und verbinden sich, ohne die Regeln der Verwandtschaft oder der gesellschaftlichen Klasse zu beachten. Wie zum Beispiel Abälard und Héloise. Ihre Verliebtheit war eine exemplarische Zuwiderhandlung. Natürlich spielten Sexualität und Erotik eine Rolle in dieser Beziehung. Aber Sexualität und Erotik machen nicht die Verliebtheit aus, sondern diese Sexualität, diese Liebe, diese Leidenschaft, dieses Wohlgefallen aneinander präsentierten und manifestierten sich wie ein Recht, das Recht, eine Verbindung gegen die Gesetze der Verwandtschaft und der eigenen Klasse einzugehen und aufrechtzuerhalten. Abälard und Héloise heirateten, aber nur ihre Verliebtheit gab dieser Ehe die Legalität. Als Shakespeare, einige hundert Jahre später, uns die Liebe von Romeo und Julia beschrieb, zeichnete er eine ganz ähnliche Situation: zwei verfeindete Familien zwischen denen eine Verbindung verboten ist. Auch in diesem Fall zeigt sich die Liebe als Zuwiderhandlung. Sie trennt, was vereint war (Julia von ihrer Familie, Romeo von der seinen) und verbindet, was getrennt war (das Liebespaar, zwei ehemalige Feinde). Bewegungen entstehen aus Gegensätzlichkeiten, aus Verschiedenheiten; es gibt keine Verliebtheit ohne die Überwindung von Gegensätzen. Es ist gleichgültig, welche Gegensätze es sind und wie sie überwunden werden. Nichts ist hier festgelegt. Von Mal zu Mal ist alles wieder anders. Es kann, um ein simples Beispiel zu geben, ein junger Mann emotional sehr stark an seine Mutter (oder an seinen Vater) gebunden sein, wie dies heutzutage oft vorkommt: Dann spielt sich die Auflehnung im Inneren des jungen Mannes ab, er bricht mit der Familie seiner Kindheit. Jahrhundertelang präsentierte sich die Verliebtheit als eine Störung des Ehelebens: als Ehebruch. Aber der Ehebruch ist nur die Ausnahme, die die Regel bestätigt: daß nämlich Verliebtheit nur entstehen kann, wenn sie trennt, was vereint war und vereint, was getrennt bleiben sollte.

Wir können nun die Funktion der Begrenzungen besser verstehen, von denen Dénis de Rougemont schreibt.* Er sagte, daß die Verliebtheit sich im Abendland immer wie eine verbotene, verhinderte Liebe darstellt. In Wirklichkeit sind diese Hindernisse erwünscht, gewollt. Die Verliebten, so unterstellt er, lieben sich nicht wirklich, sie fühlen sich wohl, wenn der andere weit entfernt ist und sind nur glücklich, wenn sie sich für das Unmögliche verzehren. Es ist tatsächlich so, daß in der Literatur die verhinderte und unmögliche Liebe überrepräsentiert ist (Dante, Petrarca, Shakespeare, Goethe etc.). Aber die Erklärung dafür liegt wahrscheinlich in folgendem: Wo nicht etwas verhindert werden soll, entsteht keine Bewegung und damit auch keine Verliebtheit. Mit

---

* Dénis de Rougemont, *L'Amour et l'Occident*, Ed. remaniée et augm., Paris, Plon 1956.

anderen Worten: Ohne die Verschiedenheit, ohne Hindernisse gibt es keinerlei Grund, ein neues System, eine neue Institution zu gründen. In der Literatur ist die Verhinderung ein Kunstgriff, um eine empfindsame Liebesgeschichte zu dramatisieren. Die Kunst erfindet, um solche Situationen darzustellen, imaginäre Hindernisse, wie beispielsweise die verfeindeten Familien bei Shakespeare, die Geburt des neuen Sohnes in den Wahlverwandtschaften bei Goethe, den Tod von Beatrice bei Dante, etc.

Wir werden im folgenden noch sehen, daß diese künstlerische Erfindung auch noch eine andere Funktion hat: Sie dient dazu, ein weiteres existentielles Element der Bewegungen einzuführen, das Dilemma, oder, genauer gesagt, das Problem des verewigten Entstehungszustandes. Aber an diesem Punkt können wir dieses Thema lassen und sehen, wo wir angelangt sind. Zusammenfassend könnte man sagen, daß nicht zählt, welcher Art die Schranken sind, die vor den Verliebten aufgerichtet werden, sondern nur das grundsätzliche Vorhandensein einer Barriere. In bestimmten Zeiten wurde diese durch verwandtschaftliche Strukturen repräsentiert, in späteren Epochen kann eine neue Heirat, eine andere politische Gesinnung, eine kulturelle oder sprachliche Verschiedenheit oder ein Altersunterschied, bis hin zu einer sexuellen Differenz – wie zum Beispiel bei der homosexuellen Liebe – diese Barriere errichten. Verliebtheit entsteht immer dann, wenn von zwei getrennten Strukturen aus etwas Neues geschaffen wird.

Gehen wir jetzt einen Schritt zurück.

Welche Beziehungen hatte ein Mensch, bevor er sich verliebte, zu seiner Familie, zu seiner Klasse, zu seiner Kirche, zu seinem Ehepartner, zu seiner ethnischen und linguistischen Gruppe, eben einfach zu allem, was durch die Verliebtheit dann zerbrochen wurde?

Wir können unterstellen, daß in der Anfangszeit eine angenehme, akzeptable Beziehung bestand. Normal und legitim. Natürlich gibt es in allen menschlichen Beziehungen, gleichgültig wie geartet sie sind, ein mehr oder weniger großes Ausmaß an Unzufriedenheit, an Desillusion. Menschliche Beziehungen sind immer ambivalent. Das Kind liebte in seiner Familie seinen Vater und seine Mutter; liebte seine Geschwister und liebte die Familie als Einheit. Die Familie ist ein Objekt kollektiver Liebe. Die Familie ist aber auch ein Ort der Spannungen und Frustrationen, des Grolls und der Aggressivität, und somit ambivalent. Für Freud war die Ambivalenz eine der Grundlagen seiner Psychologie; im Ödipuskomplex manifestiert sich die Ambivalenz gegen den geliebten Vater und die geliebte Mutter, die eben auch gehaßt werden. Natürlich zeigt sich dieser Groll und dieser Haß nicht offen. Auch wenn Ambivalenz besteht, das Bild des Vaters, der Mutter, der Familie bleibt positiv. Und das geschieht, weil in uns der Wunsch lebt (vielleicht sollte man Notwendigkeit sagen), das Objekt unserer Liebe rein und makellos (und nicht ambivalent) zu erhalten. Das Bild, das sich ein Kind von seiner Mutter oder seinem Vater macht, das Bild, das der Erwachsene sich von seiner Kirche, seiner Partei macht, ist ein Bild, das so perfekt wie möglich sein soll. Und er tut alles, um sich dieses Bild solange wie möglich so zu erhalten. Er lernt, Aggressivität nicht auszuagieren, sondern sie in Schuldgefühle umzusetzen (woraus dann Depressionen entstehen können), er lernt andererseits Fehler zu erklären, indem er sie einem Feind zuschreibt. Der Vater ist böse, weil er viel arbeiten muß. Das Vaterland, die Partei oder die Kirche sind so unzulänglich, weil es äußere oder innere Feinde gibt (so kann Paranoia entstehen). Dank dieser Anstrengungen bewahrt man das Objekt seiner Liebe davor, womöglich irgendwelche der idealen Eigenschaften, die man ihm zuschreibt, einzubüßen. Diesen Status bezeichnen wir allgemein als normal.

Aber wenn um uns die Dinge sich ändern, wenn wir selbst uns verändern (z. B. während der Pubertät), wenn wir anderen Möglichkeiten begegnen, anderen Realitäten, wenn unsere Beziehungen sich verschlechtern, dann wird es immer schwieriger, sich das Idealbild zu erhalten. In allen historischen Perioden, die einer Bewegung vorausgingen, in allen persönlichen Geschichten, die einer Verliebtheit vorausgehen, gibt es immer eine lange Vorbereitungszeit, die durch eine langsame Veränderung, durch ein langsames Sich-Verschlechtern der Beziehungen zu den geliebten Personen gekennzeichnet ist. In dieser Periode funktionieren die beiden alten Mechanismen weiter: der der Depression und der der Paranoia. Wir beschützen unser Ideal mit all unserer Kraft und verdecken das Problem. Die Konsequenz davon ist, daß die kollektive Bewegung (die Verliebtheit) immer unvorbereitet zuschlägt. Er (sie) war immer so freundlich, so zärtlich, er (sie) war immer so glücklich mit mir – sagt der verlassene Ehemann (oder die verlassene Ehefrau). In Wirklichkeit suchte er (sie) eine Alternative, die aber gleichzeitig verbissen abgelehnt wurde. Sie zwang sich ganz bewußt einen Ehemann zu lieben, zwang sich, ihn für perfekt und liebenswert zu halten. Um dies aber zu erreichen, wurde sie immer depressiver und schweigsamer. Sie lebte immer weniger ihre Aggressivität aus, sie opferte sich immer stärker selbst auf. Das Ideal – der Gott – lebte fast ausschließlich von den immer größer werdenden Opfern. Zuerst – um die Metapher noch etwas fortzusetzen – verlangte er nur die ersten Früchte, dann die ganze Ernte, dann das Saatgut, zum Schluß die Selbstzerstörung. Die depressive Überlastung, die jeder Bewegung vorausgeht, geht auch der Verliebtheit voraus. Angesichts der Selbstzerstörung kommt auch die Angst hinzu und die Verführung, der man entgehen will, erscheint in einem ganz anderen Licht. Ist hier nicht Leben, Kraft? Ist das, was so andersartig erscheint, wirklich so abscheuerregend wie man sagt? Das geht so weiter bis zu einem bestimmten Punkt. Wird dieser überschritten, schwemmt der Eros alle vorhandenen Strukturen weg und überschwemmt verbotenes Gebiet. Die viel zu lange zurückgedrängten Kräfte rennen ihrerseits unaufhaltbar die Regeln nieder, die sie gefangenhielten und zerstören sie: Dies ist der Entstehungszustand.

Jetzt befreien sich die beiden Kräfte. Die eine Kraft, der Eros, umschlingt kraftvoll die neuen Objekte, die er sofort in Ideale umformt; die andere Kraft, die Gewalt, reißt alle ertragenen und akzeptierten Grenzen ein. Wir erleben das Gefühl der Befreiung, Lebensfülle, wir erfahren, was es heißt, glücklich zu sein. Neue Möglichkeiten erschließen sich und das reine Objekt des Eros erscheint: das nicht ambivalente Objekt, in dem »müssen« und »wollen« übereinstimmen, in dem jede Entfremdung erlischt.

VIERTES KAPITEL

Die Verliebtheit trennt, was verbunden, und vereint, was getrennt war; sie verbindet aber in einer ganz bestimmten Art und Weise. Sie zeigt sich als alternative Struktur zu einer strukturierten Beziehung. Die neue Struktur mißtraut der alten bis an die Wurzel, degradiert sie zu etwas Wertlosem. Gleichzeitig begründet sie die neue Einheit auf einer Basis absoluter Werte, absoluter Rechte und reorganisiert um dieses neue Recht herum alle anderen Dinge. Diese Neuorganisation geschieht nicht in einem kurzen Augenblick, es ist ein Prozeß. Das, was blitzartig entsteht, ist die Erscheinung des reinen Erosobjektes. Es erscheint wie eine Entdeckung. Aber die Verliebtheit ist nicht dieser kurze Augenblick. Die Verliebtheit ist ein Prozeß, in welchem das reine Objekt des Eros einen Moment lang erscheint, sich verliert, wieder erscheint, sich wieder verliert, um reicher, konkreter wieder zu erscheinen. Wenn wir uns verlieben, sagen wir uns noch lange Zeit, daß wir nicht verliebt seien. Wenn der Augenblick vergangen ist, in dem dieses außergewöhnliche Ereignis passierte, kehren wir in unser alltägliches Leben zurück und denken, daß es etwas Vorübergehendes war. Erstaunt spüren wir aber, daß es in unser Gedächtnis zurückkehrt, und es bildet sich eine Sehnsucht, ein Verlangen, das sich nur zeigt, wenn wir die Stimme hören oder die Person sehen, in die wir uns verliebt haben. Auch dies vergeht wieder, und wir sagen uns, daß es eine Einbildung war und daß es uns nicht berührt. Und vielleicht ist das sogar wahr. Denn zu Beginn einer Verliebtheit kann man nicht unterscheiden, ob es eine wirkliche Verliebtheit ist. Das heißt, eine radikale Reorganisation des sozialen Lebens, in dem wir eingebettet sind und welches ein Teil von uns ist. Wenn die Sehnsucht aber wieder und wieder auftaucht und sich dann festigt, dann sind wir verliebt.

Die Verliebtheit ist ein Prozeß, in dem die andere Person, die, der wir begegneten und die uns antwortete, das Objekt unserer Sehnsucht ist. Diese Tatsache zwingt uns, alles neu zu organisieren, alles zu überdenken, vor allem unsere Vergangenheit. In Wirklichkeit ist es kein Überdenken, sondern ein Neumachen. Es ist tatsächlich eine Wiedergeburt. Der Entstehungszustand birgt die Möglichkeit in sich, die Vergangenheit zu erneuern. Unsere Vergangenheit lebt mit ihren Enttäuschungen, mit ihren Tränen, mit ihren Bitterkeiten in uns. Wenn wir in Gedanken in die Vergangenheit zurückkehren, versuchen wir Verletzungen zu heilen, offene Wunden zu schließen. Warum wurde mir nicht gegeben, was ich brauchte? Warum soviel Mühen, soviel Leid und so wenig Anerkennung? Warum hat der von mir

Geliebte mich nicht geliebt, so daß ich mit Haß reagieren mußte, um ihn zu vergessen? Unsere Vergangenheit belastet unser Gewissen. Wir verteidigen uns mit Vergessen, mit Ablenkung, mit der Verdrängung ins Unbewußte. Aber das Unbewußte ist, wie Freud sagte, unsterblich. Nietzsche führte das menschliche Unglück auf den Geist der Rache zurück. Und die Rache und der Haß auf die eigene Vergangenheit lassen sich nicht verändern. »Daß er die Zeit nicht brechen kann und der Zeit Begierde – das ist des Willen einsamste Trübsal«, sagt Zarathustra, »daß die Zeit nicht zurückläuft, das ist sein Ingrimm; ›das was war‹ – so heißt der Stein, den er nicht wälzen kann.«

Zarathustra versprach Erlösung durch den Übermenschen. »Die Vergangnen zu erlösen und alles ›Es war‹ umzuschaffen in ein ›So wollte ich es!‹ – das hieße mir erst Erlösung.« Und eben genau das, was Nietzsche mit dem Übermenschen versprach, geschieht im Entstehungszustand: wir anerkennen unsere eigene Geschichte. Die Verliebten durchlaufen ihre Vergangenheit und stellen fest, daß das, was geschehen ist, geschehen mußte, weil sie ihre Wahl getroffen hatten, weil sie es damals so wollten – und jetzt nicht mehr. Die Vergangenheit wird nicht versteckt und negiert, aber sie erhält einen anderen Wert. Natürlich habe ich meinen Mann geliebt und gehaßt, aber ich hasse ihn nicht mehr, ich habe mich getäuscht, aber ich kann es ändern. Die Vergangenheit erscheint prähistorisch, die wirkliche Geschichte beginnt jetzt.

Und so endet auch der Groll, der Unmut und der Wunsch nach Vergeltung; man kann nicht etwas hassen, was keinen Wert hat, also etwas, was nicht zählt. Diese Erfahrung provoziert in den Verliebten oft Angst und Besorgnis. Die geliebte Person spricht vor mir von ihrer Vergangenheit, von ihren Liebesverhältnissen, von der Person, mit der sie verheiratet ist, oder mit der sie lebt. Am Anfang spricht sie im Groll, aber im Laufe der Zeit geschieht es beinahe mit Zärtlichkeit. »Er war unverschämt zu mir, aber er liebt mich und ich mag ihn gern, ich möchte nicht, daß er leidet, ich wünschte, er wäre glücklich.« Diese Worte zeigen eine vollzogene Trennung, weil keine Spannung, keine Angst, kein Rachegedanke mehr da ist. Aber sie können auch als Liebe ausgelegt werden und können Eifersucht erzeugen. Der verliebte Mensch kann oft weiterhin mit seinem Mann (seiner Frau) zusammen leben, wenn dieser keine Szenen macht, keinen Groll hegt. Er kann seinem alten Partner sogar zugetan sein. Seine Vergangenheit hat im Licht der neuen Liebe eine andere Bedeutung bekommen. Im Grunde kann er weiterhin den eigenen Mann, die eigene Frau mögen – eben weil er verliebt ist. Die Freude dieser Liebe macht ihn freundlich, zartfühlend, gut. Es ist meistens die andere verliebte Person, die dies nicht akzeptiert, die es nicht glauben kann, die den Geliebten ganz für sich alleine haben möchte. Aber eben weil jeder diese Exklusivität und diese Sicherheit beansprucht, zwingen beide sich oft zu Gewissensbissen, mehr als jeder es eigentlich will. Die

Freude einer neuen Liebe nährt noch eine andere Illusion. Der Verliebte glaubt, daß diejenigen, die er verläßt, seine neue Liebe freundlich und friedlich akzeptieren müßten. Er haßt und leidet jetzt nicht mehr. Bleiben wir Freunde, sagt er – und meint es ehrlich. Er möchte sogar von seiner neuen Liebe erzählen. So weit hinter ihm liegt die Vergangenheit, so weit weg sind die Ressentiments. Die neue Verbindung, die gerade aufgebaut wird, kann die alten Dinge aufnehmen, akzeptiert alte Freundschaften, alte Beziehungen werden umgeformt. Es gibt Personen, die, bevor sie sich verliebten, nicht einmal mehr die eigenen Eltern oder Kinder ertrugen. Einmal verliebt, entdekken sie eine tiefe Zärtlichkeit für sie.

Durch eine glückliche Liebe entdecken wir alles neu. Und da keine Schuldgefühle gegenüber der Vergangenheit mehr existieren, glaubt der Verliebte, daß der verlassene Partner es genauso machen könne. Aber so ist es nicht, nie. Auch wenn die Beziehung völlig vergiftet war, wenn sie hauptsächlich von Haß geprägt war, wirkt die Verliebtheit des einen auf die verlassene Person so, daß in ihr ein schrecklicher Wunsch entsteht. Sie möchte ihn in sich verliebt machen, aber für den Verliebten ist sie jetzt eine Person, die nicht mehr gebraucht wird und wegen der nicht mehr gelitten wird. Der andere, für den sich die verlassene Person in der Banalität des täglichen Lebens nicht mehr interessierte, wird wieder zu etwas existentiell Notwendigem. Dies ist nur dann verständlich, wenn wir uns klarmachen, daß der Verlassene weiter in den alten Institutionen, in den alten sozialen Strukturen lebt. Er ist davon umgeben. Der Verlust des Partners wertet ihn selbst ab. Die gesamte Persönlichkeit ist in Frage gestellt, der eigene Wert, die Achtung vor sich selbst. Wer verliebt ist, kann sich das Ausmaß der Beleidigung nicht vorstellen, die es bedeutet, verlassen zu werden. Und der Verlassene kann nicht verzeihen. Deshalb begegnet dem Verliebten da, wo er Verständnis erwartet, das Nein, die Verzweiflung, der Aufschrei. Seine Liebe ließ das Universum gut erscheinen, voll freudiger Stärke, in dem die Farben lebhaft und die Dinge schön sind. Der Eros, der sein Objekt gefunden hat, wehrt sich gegen das Negative, gegen den Schatten auf dem Glück. Am Anfang der griechischen Philosophie war es Parmenides, der entdeckte, was eine elementare Erfahrung des Entstehungszustandes ist: Das Sein ist und das Nichtsein ist nicht. Aber für die Außenwelt, für die soziale Umwelt, die aus der Bewegung ausgeschlossen ist, ist dies ein Verlust. Sie reagiert (und dies ist eine Reaktion, die jede Bewegung begleitet), indem sie Nein sagt und sich dagegenstellt. Der enttäuschte Vater schreit, um sich dann in Schweigen zu hüllen. Der Ehemann, der seine Frau dauernd betrogen hat, entdeckt den Wert der Treue. Die häßlich gewordene Ehefrau versucht verzweifelt, wieder attraktiver zu werden, sich für neue Dinge zu interessieren, um ihren Ehemann zurückzuerobern. Sogar Personen, die sich eine große sexuelle Toleranz zugestanden hatten, werden bei Verliebtheit starr und fühlen sich tief verletzt. Demzufolge entstehen unüberwindbare Probleme.

Der Ehemann, der nichts mehr ändern kann, erklärt: »Also gut, dann geh', aber die Kinder bleiben bei mir.« Die Ehefrau sagt: »Bitte, dann geh', aber glaube nicht, daß ich es akzeptiere. Du wirst mich tot wiederfinden.« Auf diese Weise wird das, was einmal nur Freude war, die Personen, Mann und Frau, die Kinder, die aus Liebe geboren wurden, zur Lüge, zum harten Nein. Es muß gewählt werden: Entweder er oder die Kinder; entweder sie, oder mein Tod. Aber die Liebe ist nicht dazu da, um Kinder zu verlieren, um jemanden umzubringen. Sie ist nicht geschaffen, um jemanden leiden zu lassen. Die Liebe ist die Basis einer neuen Gemeinschaft, eines glücklichen Zusammenlebens, in dem sich alle respektieren sollten. Die Reaktion des Verlassenen leugnet diese Hoffnung auf Harmonie und erzwingt die Wahl: entweder das eine oder das andere. Die Geschichte der Verliebtheit ist die Geschichte der Verliebten, die es ablehnen zu wählen und die es lernen zu wählen. Im Entstehungszustand ist die Forderung nach einer Wahl auf jeden Fall ein Dilemma. Es ist, wie wenn man eine Mutter, der zwei Kinder entführt wurden, aufforderte, zu entscheiden, welches der beiden getötet werden sollte. Es gibt keine Lösung. Der Entstehungszustand sieht sich immer mit dem Dilemma konfrontiert; alle Bewegungen, jede Verliebtheit begegnet dem Dilemma. Auch hier ist es vollkommen gleichgültig, um welche Art von Dilemma es sich handelt. Ich habe zwei Beispiele herausgegriffen, aber es gibt nicht *einen* Fall, in dem sich das Dilemma nicht stellt. Wenn in den Märchen geschrieben steht »und dann lebten sie glücklich und zufrieden« ist die Ruhe nicht nur ein Zeichen für die Rückkehr des Alltäglichen, das Ende der Spannung und schließlich der Leidenschaft. Nein, diese Ruhe verhindert gerade, daß ein Dilemma entsteht. Im Unterschied zum Märchen wird in der Kunst das Dilemma zum unüberwindbaren Hindernis, also zu etwas, was die Liebe unmöglich macht. Das Hindernis, das dauernd auf die Straße der Liebe geworfen wird, ist das Sinnbild des Dilemmas. Tristan ist gespalten von seiner Zuneigung zum König und der Liebe zu Isolde. Isolde von ihrer Zuneigung zum König und der Liebe zu Tristan. Sowohl Julia als auch Romeo wollen die starren Gesetze der Verwandtschaft und des Hasses überwinden, aber sie hassen ihre Eltern nicht.

Die Liebe scheint das Gesetz von der Person zu trennen; sie will andere Gesetze, andere Normen, sie will niemanden ausschließen, sie will alle lieben. Aber die Gesetze sprechen durch die Menschen, Menschen vertreten die alten Gesetze und sie widersetzen sich neuen Rechten. Man kann Gesetze nicht ändern, ohne Personen mit einzubeziehen, die diese Gesetze verkörpern, das ist das Dilemma. Dies ist der Lauf der Welt und zwingt die Verliebtheit, ihre Unschuld zu verlieren. Die, die die Sexualität, die Sehnsucht und die Erotik befreien wollen, und die Existenz des Dilemmas verleugnen, als ob es ein Produkt aus grauer Vorzeit wäre – die Folge von Ignoranz, Klassenherrschaft, einer repressiven Erziehung oder anderer Ursachen – erliegen einer gefährlichen Mystifikation. Ihre Überzeugungen haben allein die Funktion, über die Realität hinwegzutrösten. Die Revolution wird gepriesen, sie wird wie ein großes Fest der Freundschaft und der Liebe gefeiert. Es sind das die Flitterwochen der Revolution, der revolutionäre Entstehungszustand. Aber dann begegnet die revolutionäre Bewegung inneren und äußeren Hindernissen, sie muß wählen. Und man kann sich nur wünschen, daß sie keine Metzelei, kein Blutbad oder sonstige Greuel produziert und in die Barbarei eines Hitler, Stalin oder Pol Pot zurückfällt.

Wenn wir ignorieren, daß eine Art unschuldige Begeisterung dem Dilemma gegenübersteht, besteht die große Gefahr eines Sturzes in die Irrationalität und die Gewalt. Die Art, in der das Dilemma angegangen und gelöst wird, ist indessen die wahre Geschichte der Verliebtheit, ihrer Projekte und Institutionen.

FÜNFTES KAPITEL

Der Entstehungszustand ist die Entdeckung der Person, die »Ja« sagt. Es gibt keinen Grund, weshalb Ja gesagt wird, keine Garantie – und doch wird es getan. Wer sich verliebt, hat es zuvor schon viele, viele Male versucht, hat schon viele Male versucht, sich nach außen zu öffnen; aber entweder war er doch nicht bereit, oder es begegnete ihm keine Antwort. Aber auch wenn ihm eine Antwort begegnet, weiß er nicht, ob es eine wirkliche, eine totale Antwort ist. Er kann es nicht mit Sicherheit von sich selbst sagen, also noch viel weniger vom anderen. Sich zu verlieben heißt, sich einer anderen Existenz zu öffnen, ohne Garantie, daß dies realisierbar ist. Es ist ein Glücksgesang ohne Sicherheit auf Antwort. Seine Größe ist so ungeheuer menschlich, weil er Augenblicke des Glücks und der Ewigkeit, der verzehrenden Sehnsucht erzeugt – aber Sicherheit kann er nicht vermitteln. Und wenn die Antwort vom anderen, vom Geliebten kommt, dann erscheint es uns wie etwas Unverdientes, wie ein wunderbares Geschenk, von dem man nie gedacht hat es zu bekommen. Ein Geschenk des anderen, des Geliebten, ganz von ihm bestimmt.

Die Theologen haben für dieses Geschenk einen eigenen Begriff: Gnade. Und wenn der andere, der Geliebte, sagt, daß auch er liebt, und einer im anderen aufgeht, dann ist dies ein Moment des Glücks, in dem die Zeit stehenbleibt. Ein Moment, der zur Ewigkeit wird. Er wird nie vergessen werden, er kann nicht vergessen werden. Wenn sich ein Mensch geliebt fühlt, erträgt er jeden Schmerz, jede Schwierigkeit wesentlich besser – es genügt, sich an das, was schön war, zu erinnern. Die Erinnerung bietet Zuflucht, sie ist die Basis aller Sehnsucht. Wenn der Geliebte einen aber eines Tages verläßt, wird genau diese Erinnerung der Grund dafür sein, daß wir unglücklich sind, denn alles andere wird, im Vergleich zum Verlorenen, keine Bedeutung haben.

Das alles wird so lange andauern, bis ein anderer Entstehungszustand eintritt und das Vorangegangene zur Vergangenheit macht. Wir kennen alle das fürchterliche Risiko, in der Verliebtheit sind wir aber bereit, es einzugehen. Wir wehren uns mit allen Kräften, getrennt zu sein, wir wollen nicht zurückgewiesen werden. Die Verliebtheit ist, wir sagten es bereits, etwas, was plötzlich erscheint und alles beherrscht. Wir sagen Nein, weil wir wissen, was Ja bedeutet und wir keinerlei Garantie haben, daß die Türe zum »Leben« nicht eine Türe zur Verzweiflung ist. Wir sagen Nein, wir sagen, es war nur eine Illusion, aber dann wird unser Gedächtnis wieder klar wie ein Spiegel, und auf der einen Seite liegt all das, was wir als gut und richtig empfinden, und auf der anderen nur das

Nichts des Alltäglichen. Das Gewissen spürt, daß es sich nicht für etwas entscheiden kann, was keinen Wert hat. Das Gewissen weiß, daß es nur das Gute wollen kann. Das empirische Leben ist nichts wert gegen das, was als »gut« empfunden wird, im Vergleich zu dem, was einen Wert an sich darstellt. Die Tatsache, daß wir dieses absolut Gute ersehnen, hat zur Folge, daß jegliche Angst vor der Zukunft in uns verschwindet. Jede Begegnung mit dem Geliebten könnte die letzte sein. Alles, was wir uns wünschen, ist, mit diesem Menschen zusammenzusein, vielleicht das letzte Mal. Die Zeit der Liebe – wenn sie ihr Objekt gefunden hat – ist die Gegenwart; der Moment, der so viel wert ist wie das ganze vergangene Leben und alle Dinge dieser Welt. Deshalb gibt es in der Liebe, neben dem Glück, ein Stück Traurigkeit, denn »Wenn wir die Zeit anhalten«, wissen wir, daß wir damit jede Sicherheit aufgeben. Dieses »Zeit anhalten« ist Glück, aber es ist auch Verzicht auf Stärke. Es ist der Verzicht auf jeglichen Stolz und jegliches Können. Dieses Sich-Aufgeben, ohne Sicherheit für die Zukunft, wird in der Kunst durch den Tod dargestellt. Die Liebe, die im Tod endet, ist in der Kunst die Metapher, alle Unsicherheiten darzustellen, alle Zweifel, alle Sehnsucht der Verliebten, das Ende der Zukunft und der Vergangenheit. Die Gegenwart wird dann zur »Ewigkeit«, alle Fragen sind beantwortet. Der Tod ist in der Kunst das Symbol für das Ende der Zeit, in der der Verliebte seine Erfahrungen sammelt.

Es ist eine faszinierende Vorstellung, und sie hat die Kraft, in uns die qualvolle Suche nach Liebe auszulösen. Sie hat die Kraft, selbst die Sehnsucht, das Verlangen nach dem fernen Geliebten so weit zu treiben, daß sie über sich hinauswächst, und Friede nur noch im vollkommenen »Aufgehen« im anderen gefunden wird. Mit seinem Tod hält Werther die Zeit für sich und Charlotte an.

In der Realität ist die Verliebtheit etwas, was uns geschieht und was sich aus vielen Augenblicken zusammensetzt, Augenblicken, die Ewigkeitswert haben, sich jedoch wiederholen. In einer gegenseitigen Liebe sagen wir Ja zueinander, immer und immer wieder. Die Zeit hört nicht auf, die Sehnsucht entsteht von neuem und begegnet aufs neue ihrem Objekt. Verliebtheit ist: sich zu finden, sich zu verlieren und sich wiederzufinden. Natürlich gibt es nichts, was diese Gegenseitigkeit garantiert, aber wir hoffen und vertrauen auf »Wunder«. Verliebtheit ist Vertrauen: sich anzuvertrauen, sich vertrauensvoll dem anderen hinzugeben. Verliebte sind nicht eifersüchtig. Natürlich gibt es in diesem Bereich unzählige individuelle Unterschiede, aber die Verliebtheit erwartet und schafft Vertrauen. Das Objekt der Liebe erscheint wie ein nicht ambivalentes Objekt, also ist es ein gutes Objekt. Die Erfahrung der Verliebtheit ist eine Erfahrung von Echtheit, von Transparenz, von Wahrheit. Die Verliebten verbringen viele Stunden damit, sich gegenseitig in allen Einzelheiten ihr Leben zu erzählen, denn sie wollen den anderen an diesem

Leben, also auch an der Vergangenheit, teilhaben lassen. Der andere hört interessiert zu, ja, manchmal beneidet er sogar diejenigen, die dem geliebten Menschen früher begegnet sind, denn es scheint ihm, als ob kostbare Zeit und Glück versäumt worden sei. Aber er ist nicht bekümmert. Im Entstehungszustand gelten nicht die Regeln des täglichen Lebens, die Vergangenheit zählt nicht. Wie im Gleichnis vom Arbeiter, der als letzter eingestellt wurde, aber genausoviel Geld bekommt wie der, der morgens schon angefangen hat zu arbeiten. Die Verliebtheit tendiert dazu, Gegensätze wie die Verschiedenheit zweier Personen zu verschmelzen. Und doch muß sie bestehen bleiben, denn nur wo Gegensätze da sind, kann Verliebtheit entstehen. Die geliebte Person interessiert, *weil sie* anders ist, weil sie unverwechselbar und besonders ist.

Der Wunsch, geliebt zu werden, weil wir einmalig, besonders, unersetzbar, absolut wir selbst sind, kann nicht in Organisationen erfüllt werden, in denen jeder ersetzbar und austauschbar ist. Er kann nicht im täglichen Familienleben erfüllt werden, weil wir dort zwar einmalig und unersetzbar, aber nicht außergewöhnlich sind. Wir wünschen uns jedoch genau das zu sein, wir wollen einmalig, außergewöhnlich, unersetzbar sein für einen außergewöhnlichen Menschen. Die Verliebtheit ist monogam. Sie setzt Exklusivität voraus. Der Außergewöhnliche anerkennt nur Außergewöhnlichkeit, Hingabe ist nur möglich an den Einzigen, der fähig ist, Glück, Freude und Leben zu geben. Jede Besonderheit, alle Besonderheiten, Stimme, Körper, Gesten werden zu Merkmalen dieser Einzigartigkeit des geliebten Menschen. Das Ziel der Liebe ist es, eine Antwort von diesem einzigartigen Wesen zu bekommen. Wir, jeder einzelne von uns, sind verschieden von allen anderen, und wir wissen es. Aber nur in der Verliebtheit wird diese unveränderbare Individualität in einer so absoluten Weise anerkannt. Die Anerkennung, die wir vom anderen bekommen, gibt uns den Mut, uns zu uns selbst zu bekennen, uns anzuerkennen. Es ist ein Schritt hin zur Individualität.

Aber gleichzeitig setzt die Verliebtheit etwas anderes in Bewegung, was in gewissem Sinn im Gegensatz steht zu dieser Anerkennung der Gegensätze: Sie tendiert dazu, Gegensätze zu verschmelzen.

Diese Verschmelzung der Gegensätzlichkeiten soll eine Konvergenz des Willens herstellen. Die Gegenseitigkeit der Liebe macht, daß ein gemeinsamer Wille entsteht, das heißt, daß alle Dinge für einen jeden der beiden gleich wichtig sind. Die Differenzierung läßt den Verschiedenheiten der Individualitäten ihren Wert, erstellt keine absoluten Werte, sagt »Ja« zu den Präferenzen des Geliebten – sie werden für mich Ideal und Gesetz –, ebenso wie meine Präferenzen in meinen Augen einen höheren Wert bekommen. Verschmelzung geschieht, wenn die verschiedenen Präferenzen sich einander annähern, um in einem einzigen Willen zu münden. Aber eben weil diese Verschiedenheiten und Präferenzen wichtig geworden sind, tendieren die Liebenden dazu, ihnen zuviel Gewicht beizumessen, sie aufeinanderprallen zu lassen. Die Liebe ist auch ein Kampf.

In der Liebe versucht jeder, sich von seiner besten Seite zu zeigen, von der, die ihm am besten gefällt, ihm am ehrlichsten scheint, er wünscht sich, daß diese geschätzt werde. Vielleicht aber schätzt der andere etwas ganz anderes und entdeckt es für den Geliebten. Da man es in der Liebe fertigbringt, sich mit den Augen des Geliebten zu sehen, verändert sich das Bild, das man von sich hat, es entsteht neu. Der Wunsch, dem Geliebten zu gefallen, bringt uns dazu, uns zu ändern. So versucht jeder, dem anderen die eigenen Standpunkte klarzumachen und verändert sich selbst, um zu gefallen. Darin liegt nichts Widersinniges, es handelt sich um ein ständiges Entziffern und Entdecken. Jedes Verhalten des anderen, seine Gesten, seine Blicke, werden zu Symbolen, die entziffert werden müssen.

Ständig entstehen neue Symbole. Der Entstehungszustand ist eine Vermehrung von Zeichen. In diesen Prozeß ist die Vergangenheit, die Gegenwart und auch die Natur mit einbezogen. Regen oder Sonne, die Form einer Wolke erhalten einen Wert, der über sie hinausweist, sie bekommen eine bestimmte Bedeutung in Verbindung mit dem Geliebten und der Liebe, sie haben einen Sinn, bezeichnen eine Richtung. Weil es Hindernisse gibt, weil der andere verschieden ist, weil nie sicher ist, welche Antwort wir erhalten werden oder zumindest die Antwort nie ganz der Frage entspricht, werden die Geschehnisse, die Dinge, die zufälligen Kombinationen zu Zeichen, die interpretiert werden müssen, zu Einladungen, Verweigerungen, Vorahnungen. Manche Orte, an denen etwas Bedeutungsvolles geschah, werden heilig.

Die Liebe erfindet eine sakrale Geographie der Welt. Dieser Platz, dieses Haus, dieser spezielle Aussichtspunkt auf das Meer, die Berge, dieses Hotel werden zu geheiligten Symbolen des Geliebten oder der Liebe. Sie werden zu heiligen Zonen, zu Tempeln, weil sie für einen Augenblick der Ewigkeit die Liebe beherbergten. Und so wie der Raum geheiligt wird, so wird auch die Zeit geheiligt. Wird die Zeit des Glücks im Entstehungszustand zu einer Art gegenwärtiger Ewigkeit, so wird aus der Aneinanderreihung dieser Augenblicke von Ewigkeit so etwas wie ein liturgisches Jahr mit all seinen heiligen Begebenheiten. Die Welt ist voller Bedeutung und Wert, es gibt exemplarische Momente des Schmerzes, des Glücks, aber auch Momente mit dem Geliebten, die nur uns selbst heilig sind. Die Verliebtheit schafft sich im Laufe der Zeit ihre eigene objektive Heiligkeit. Raum wird durch emotional besetzte Punkte geschaffen, Zeit durch bedeutungsvolle Tage. Es ist heilige Zeit und heiliger Raum wie in den Religionen. Verliebtheit stärkt die Trennung zwischen Heiligem und Profanem, sie kennt auch das Sakrileg. Noch nach Jahren und Jahrzehnten können Verliebte, inzwischen längst getrennt, nicht an bestimmte Daten denken, ohne davon berührt zu sein, sie können nicht an bestimmte Orte gehen, ohne Heimweh zu bekommen. Dieser Raum und diese heilige Zeit sind Orte, an denen Ewigkeit gegenwärtig wurde, an denen die Zeit stillstand, sie sind unsterblich. In Vergessenheit geraten, überleben sie im Unbewußten. Nur ein neuer Entstehungszustand kann sie auslöschen, um einen neuen Raum und eine neue Zeit entstehen zu lassen.

SECHSTES KAPITEL

Das tägliche Leben ist durch Enttäuschungen charakterisiert. Wir haben immer viele Dinge zu tun; manche tun wir gerne, die meisten werden aber einfach durch andere von uns verlangt. Wenn etwas von uns verlangt wird, ist es meist eilig, es hat Vorrang, wenn wir es nicht gleich tun, ist man beleidigt, man schmollt, man bestraft uns. Die Rangordnung der Dinge wird nicht von uns selbst festgelegt, sie ist das Resultat des Drucks, der auf uns ausgeübt wird. Das heißt aber, daß wir das, was wir uns wirklich wünschen, nie realisieren, und ab einem bestimmten Punkt wissen wir gar nicht mehr, ob wir es wirklich wollen.

Wenn wir uns im täglichen Leben etwas »wünschen«, dann träumen wir, »wie schön wäre es, wenn ...«. Aber es geschieht immer etwas, was es uns verbietet. Unser Partner oder unsere Partnerin hat etwas anderes zu tun, hat keine Lust, oder hat Lust, wenn wir keine haben und fragt uns im ungünstigsten Augenblick. Wenn wir Nein sagen, um Geduld bitten, ist der andere verletzt, die Lust vergeht ihm wie auch uns. Aus all dem entsteht Enttäuschung: Wir wissen, daß es wünschenswerte Dinge gibt, die wir aber nie bekommen, weil es immer etwas anderes zu tun gibt. Im täglichen Leben enden wir damit, daß wir aufgesaugt werden, immer »tun wir etwas anderes oder tun etwas für andere«, unser Leben reduziert sich darauf. Nie fühlen wir uns wirklich befriedigt; nie haben wir das Gefühl eines wirklichen Wohlbefindens. Nie begegnen sich unsere Wünsche und die der anderen wirklich. Es ist ein Zustand, der immer gerade zu Ende zu gehen scheint. Es scheint wirklich unmöglich zu sein, daß es so weitergeht.

Und doch geht es weiter, für Monate und Jahre, dunkle Jahre, Jahre des Wartens auf etwas, was man nicht genau weiß, des endlosen Unbehagens, Jahre ohne Geschichte, ohne wirkliches Glück; Jahre, in denen wir einfach »so vor uns hinleben«. Die tiefe Anziehungskraft, die die Verliebtheit auf jeden von uns ausübt, rührt daher, daß sie Licht in das Dunkel bringt. Verliebtheit befreit unsere Wünsche, stellt sie in den Mittelpunkt aller Dinge. Wir wünschen, wir wollen etwas nur und allein für uns. Alles, was wir für die geliebte Person tun, ist nicht etwas, was wir für einen anderen tun, wir tun es für uns, um glücklich zu sein. Unser ganzes Leben ist auf einen anderen hingewendet und der Gewinn heißt Glücklichsein! Unsere Wünsche und die des Geliebten begegnen sich. Die Verliebtheit trägt uns über uns selbst hinaus, wir leben in einer Welt, in der man alles bekommt und alles verliert. Das tägliche Leben können wir charakterisieren, indem wir sagen, daß wir immer etwas anderes tun als wir tun wollen, daß wir immer Dinge wählen, die andere interessieren, daß wir nur die Wahl haben zwischen einer großen und einer kleineren Enttäuschung. Wenn wir verliebt sind, haben wir entweder alles oder nichts. Es ist so, als ob wir jeden Tag geschenkt bekämen, was im alltäglichen Leben unausdenkbar scheint: ein Königreich, Kraft, das Glück und den Sieg. Aber dieses Reich kann schon mit einer Schlacht verloren sein. Und jeden Tag müssen wir die letzte Schlacht aufs neue angehen. Das tägliche Leben pendelt zwischen ruhiger Zufriedenheit und Enttäuschung, die Pole, zwischen denen sich die Verliebtheit abspielt, sind die der Ekstase und der Verzweiflung.

Das alltägliche Leben ist ein ewiges Purgatorium. In der Verliebtheit gibt es nur das Paradies oder die Hölle; entweder wir sind gerettet oder verdammt.

Ich bin mir bewußt, daß Behauptungen solcher Art Widerspruch hervorrufen. Ein typischer Einwand ist, daß es diese Mißverständnisse und diese fortwährenden Frustrationen des Alltags zwar gäbe, aber nur, weil die sozialen Beziehungen nie korrekt definiert würden. Wenn ein Ehepaar laufend den Eindruck habe, daß es etwas tue was es nicht befriedige, wenn beide feststellten, daß sie sich im Grunde nicht verstünden, bräuchten sie eine Eheberatung oder etwas ähnliches.

Mit der Therapie (psychoanalytisch, behavioristisch, katholisch, buddhistisch oder marxistisch, nach Gestalt, nach Lacan, nach Reich) verschwänden die Mißverständnisse und Konflikte. Hinter dieser therapeutischen Haltung, die heute sehr verbreitet ist, steckt die Vorstellung, daß es so etwas wie eine ideale Normalität gibt, eine Vorstellung, die keine Basis in der Realität hat. Ich will den Wert der individuellen, sozialen oder politischen Therapien nicht schmälern; sie können helfen, Leid zu lindern, soziale Bedingungen zu verbessern, die Gesellschaft fortschrittlicher zu gestalten. Aber sie können mit Sicherheit nicht die existentielle Struktur des Alltagslebens verändern. Ein Ehepaar, das in einer Eheberatung war, streitet sich danach vielleicht weniger, aber deshalb werden sie trotzdem nicht das Gefühl haben, daß ihr gemeinsames Leben glücklich ist. Ein weiterer Einwand gilt der Definition der Verliebtheit als eines Zustands, dessen einer Pol die Ekstase, dessen anderer Pol die Verzweiflung ist. Die wahre Liebe – so sagt man – sei ein anhaltender Zustand des Glücks, des Verständnisses, der perfekten Übereinstimmung, in dem die kleinen Unstimmigkeiten ganz von selbst ausgetragen würden. Wenn es nicht so sei, handele es sich nicht um Liebe. Oder es heißt, daß die wahre Liebe langsam, Schritt für Schritt, durch Geduld und Weisheit entstehe. So denkt zum Beispiel Erich Fromm und entwickelt in der »Kunst des Liebens« diese Vorstellungen. In Wirklichkeit steckt hinter Äußerungen dieser Art nichts anderes als der Mythos: »... und dann lebten sie glücklich und zufrieden ...«, die große Illusion vom Alltag als einer immerwährenden Glückseligkeit und Freude, die nie jemand erlebt hat.

Ich habe von zwei typischen Einwänden gesprochen, in Wirklichkeit gibt es aber nur einen! Sowohl die Eheberater als auch die Therapeuten haben nur das »zufrieden und glücklich miteinander leben« im Sinn. Sie reden darüber, als ob es die einfachste Sache der Welt sei, dies zu realisieren. Alle, Psychologen, Soziologen, Sozialarbeiter, Therapeuten der verschiedensten Richtungen versprechen uns das perfekte, beständige Glück. Und so tun sie im Endeffekt nichts anderes als die medizinischen Scharlatane von einst, die auf den Marktplätzen herumstolzierten und behaupteten, das Elixier für ewige Jugend und langes Leben zu besitzen. Aber genau wie ewige Jugend biologisch unmöglich ist, ist es auch im nichtbiologischen Bereich unmöglich »für immer glücklich und zufrieden« zu leben.

Es handelt sich daher um einen Mythos, und zwar um einen total verwirrenden Mythos. Von uns allen wird er allerdings immer und immer wieder erneuert, ohne daß wir uns dessen bewußt wären. Deshalb müssen wir uns fragen, woher dieser Mythos kommt. Wir haben die Pole des alltäglichen Lebens als ruhige Zufriedenheit oder Enttäuschung, die Pole der Verliebtheit als Ekstase oder Verzweiflung definiert. Jedes dieser Gegensatzpaare hat eine positive und eine negative Seite. Der Mythos entsteht, weil wir das Positive allein sehen, weil wir die beiden positiven Pole zusammennehmen (Glück und Zufriedenheit), ohne die negativen Pole (Verzweiflung und Enttäuschung) im Gedächtnis zu behalten. Man kann verstehen, wie so etwas entsteht. Der Wunsch nach Glück, nach dem genossenen Glück des Entstehungszustands lebt immer als Nostalgie in uns. Vom alltäglichen Leben aufgefressen, in der Welt der Enttäuschungen, wünschen wir uns ein erfüllteres Leben, etwas, was wirklicher und authentischer ist, wir wünschen uns das Glück des Entstehungszustandes und seine Verzückung. Natürlich erinnern wir uns auch an die Verzweiflung, aber wir wollen sie vergessen. Wir stellen uns vor, daß wir die ewige Liebe in ihrer absoluten Schönheit und Reinheit wiederfinden.

Andererseits, wenn wir verliebt sind, wenn alles in uns Leidenschaft und Glück ist, aber auch Verzweiflung, Qual und Sehnsucht, wollen wir den Zustand des Glücks verlängern. Wir wünschen, daß uns das Glück erhalten bleibt, daß es zu Zufriedenheit und Ruhe wird, daß es nicht zerstört wird durch all die Dinge, die es immer begleiten. Es gibt Menschen, die die Spannung der Verliebtheit nicht aushalten. Sie möchten sie sofort festhalten, gleich zu etwas Alltäglichem, Kontrollierbarem machen. Und so entspringt aus der Verliebtheit der Wunsch nach Friede, Ruhe und Zufriedenheit.

Die Wahrheit ist, daß, wer im Alltag lebt, keine Möglichkeit hat, die fast krampfhafte Intensität des Wunsches und des Willens zu erreichen, die es braucht, um Glück entstehen zu lassen. Um dies zu tun, muß er mit dem täglichen Leben brechen und den verbotenen Fluß der Zuwiderhandlungen überqueren.

Das aber ist eine Entscheidung, die nicht mit Leichtigkeit getroffen werden kann. Die Verliebtheit »erscheint«, wenn die Voraussetzungen dafür herangereift sind. Die Verliebtheit ist ein Ereignis, das sich aufdrängt. Wenn wir verliebt sind, ist es uns auch nicht möglich, ruhig und heiter zu sein, und noch viel weniger möglich ist es, dies dauerhaft zu bleiben. Unsere Liebe ist nicht in unseren Händen, sie übersteigt uns, sie reißt uns mit und sie zwingt uns, uns zu verändern. Um Verliebtheit in alltägliche Zufriedenheit umzuwandeln, muß sie zerstört werden. Und, ich wiederhole es, viele Menschen, Männer und Frauen, geben keine Ruhe, bis sie das glitzernde Wesen ihrer Liebe in etwas Kontrollierbares, Umschriebenes, klar Definiertes verwandelt haben, bis sie es zu einem domestizierten Haustier gemacht haben. Der Preis dafür ist der Verlust der Verliebtheit und das Verschwinden der Verzückung. Was dann übrigbleibt, ist die alltägliche Banalität, die Langeweile. Im Alltäglichen wünscht man sich immer das Außergewöhnliche, im Außergewöhnlichen immer das Alltägliche. Im Alltäglichen wünscht man die Ekstase, im Außergewöhnlichen die Ruhe. Diese beiden Wünsche, beide nicht realisierbar, ergeben zusammen das »sie lebten glücklich und zufrieden«, aus dem in unserer Zeit der Mythos des Elixiers der ewigen Jugend und des Steins der Weisen entstand.

SIEBTES KAPITEL

Ist es möglich, zwei Menschen gleichzeitig zu lieben? Natürlich. Einen zu lieben und sich in einen anderen zu verlieben? Natürlich. In zwei gleichzeitig verliebt zu sein? Nie. Jeder von uns liebt mehrere Personen. Wir lieben unseren Vater und unsere Mutter, unsere Frau und unsere Kinder. Keine dieser Lieben schließt die andere aus. Keine dieser Lieben nimmt einer anderen etwas weg. Auf die gleiche Weise kann ein Mann zwei Frauen lieben und eine Frau zwei Männer. Jeder kann die erste Person lieben und sich in eine zweite verlieben. Wir können sogar sagen, daß das die Regel ist. Aber es ist unmöglich, sich in zwei Menschen gleichzeitig zu verlieben. Auf den ersten Blick scheint diese Einschränkung absurd zu sein. Oft hört man: »Ich bin in alle beide verliebt« oder »Ich weiß nicht, in wen ich mehr verliebt bin«. Diese Äußerungen kennzeichnen zwei verschiedene Situationen. Die eine können wir als Vorbereitung auf eine Verliebtheit bezeichnen. Wie wir bereits anfänglich sagten, sucht jemand, der sich verlieben will, den Menschen, der ihm auf eine bestimmte Art antwortet, und oft hat er den Eindruck, ihn gefunden zu haben. Oft fängt er an, sich zu verlieben. In diesem Stadium kann es passieren, daß er mehreren Personen begegnet und sich mehrere Male verliebt. Seine Gefühle überlagern sich und er sagt dann berechtigterweise »Ich bin in alle beide verliebt«. Die Sache wird noch einfacher, wenn sich zwei verschiedene Personen gleichzeitig in ihn verlieben. Da er für die Liebe bereit ist und eine positive Antwort bei beiden findet, entsteht eine Gruppe mit drei Personen. Nehmen wir jetzt einmal an, daß die beiden Personen, die ihn lieben, Freundinnen oder Schwestern sind. Zusammen bilden sie eine geschlossene Gruppe, in der er der Mittelpunkt ist. Solche Situationen sind absolut nicht ungewöhnlich.

In Kollektivbewegungen finden wir oft Gruppen von Frauen, die den »Führer« verehren! Sagte nicht Freud, daß eine Masse durch Individuen gebildet wird, die sich einer mit dem anderen identifizieren und gleichzeitig alle mit dem »Führer«? Jetzt sind wir durch die Verliebtheit zweier Personen zur Verliebtheit innerhalb der Gruppe gekommen. Von der kollektiven Bewegung zu zweit zur kollektiven Bewegung in der Gruppe. In Wirklichkeit besteht hier aber keine Parallele. Nehmen wir zum Beispiel eine Gruppe von Frauen, die alle den »Führer« verehren. Ist er in jede einzelne von ihnen verliebt? Nein. Jede von ihnen ist austauschbar. In der kollektiven Bewegung einer Gruppe ist niemand unersetzlich, alle sind vertretbar. Und das gilt bis hin zur Gruppe, die aus drei Personen besteht. Auch hier, bei drei Personen, existiert, wenn einer geht, ein Kollektiv weiter. Nur im Falle eines Paares bleibt, wenn einer weggeht, der andere allein. Nur bei einem Paar ist das Individuum in seiner absoluten Einzigartigkeit unersetzbar. Nur bei einem Paar ist das Individuum das, was das Kollektiv garantiert. Daher ist die kollektive Bewegung zu zweit, die Verliebtheit, total anders als alle anderen Bewegungen.

Aussagen wie »Ich bin in alle beide verliebt« deuten daher auf einen Zustand der Unentschlossenheit und des Übergangs, der zu einer kollektiven Struktur oder zu einer Verliebtheit oder zu überhaupt nichts führen kann. Hingegen ist die Verliebtheit in einen »Führer« oft eine Idealisierung auf Distanz, kann aber auch eine vielschichtige Verliebtheit sein. Viele Personen können ehrlich in jemanden verliebt sein ohne von diesem wiedergeliebt zu werden.

Um einen angebeteten »Führer«, eine berühmte Schauspielerin oder einfach um eine faszinierende Frau entsteht oft eine Gruppe von Verehrern dieser Art. Es ist die einseitige Verliebtheit.

Kehren wir nun zu unseren Ausgangsproblemen zurück. Wir sagten, daß wir gleichzeitig mehrere Personen lieben und uns in eine andere verlieben können. In diesem Fall ist die neue Verliebtheit der Ausgangspunkt für eine Umstrukturierung unserer Gefühle. Die von uns geliebten Personen treten wie Aspekte unserer eigenen Persönlichkeit, einer umfassenden Realität, unserer Individualität auf, die wir anerkannt und geliebt wissen wollen in der Verliebtheit. Verliebtheit entsteht also immer zwischen zwei Personen, die eine persönliche Geschichte haben, ein System der Gefühle und der Präferenzen. Verliebtheit leitet immer eine Umstrukturierung des Systems ein. Dinge, Menschen, die zuvor wichtig waren, werden vernachlässigt, werden unwichtig. Anderes wird dafür aufgewertet und in die neue Liebe miteinbezogen. Wenn sich zum Beispiel zwei verheiratete Personen ineinander verlieben, die Kinder haben, dann trennt jeder in seinem Zärtlichkeitssystem den jeweiligen Ehepartner von den Kindern. Er will und kann ohne ihn auskommen. Dem Ehepartner gegenüber verändert er sein Verhalten vollständig. Nicht so den Kindern gegenüber. Die Kinder können mit in die neue Liebe einbezogen werden. Der Ehepartner paßt nicht in den neuen Kreis, aber die Kinder. Sie werden integriert. Trotzdem ist es so, daß sich zwei Einzelpersonen begegnen. Die Kinder haben keinen Anteil daran. Die Begegnung stabilisiert sich, je mehr sich die persönliche Isolation verliert. Fragen und Antworten konstituieren sich, bevor die Kinder integriert werden. Jeder sucht zuerst die Liebe für sich. Der Prozeß des Sich-Verliebens besteht also vor allem darin, Stück für Stück der eigenen Persönlichkeit und der eigenen Vergangenheit in eine Verbindung zu integrieren – und dazu gehören auch die Kinder. Wer aber verliebt ist, ist in die andere Person verliebt, nicht in deren Kinder. Diese Kinder werden in die Liebe zum anderen eingeschlossen, aber nicht ihrer selbst wegen geliebt. Es kann auch sein, daß sie zu einem unüberwindbaren Hindernis in der Entwicklung einer Verliebtheit werden. Zum Beispiel, wenn sie sich dagegenstellen, oder wenn sie von den beiden »gegnerischen« Familien benutzt werden.

In allen Fällen ist Verliebtheit die Begegnung zweier Einzelwesen, von denen jeder sich von denjenigen, zu welchen er Verbindung hatte, abtrennt. Manches aus diesen alten Verbindungen wird in die neue Beziehung mit hinübergenommen, der Rest wird neu strukturiert. Wenn sich zwei Menschen begegnen, die ohne Verpflichtungen und ungebunden sind und beide suchen die absolute Einsamkeit, entsteht eine Verfälschung der Realität. Die Wirklichkeit sieht so aus, daß beide die Begegnung mit der eigenen Individualität und gleichzeitig die sofortige Akzeptierung ihrer Person durch die Umwelt suchen. Nicht das eine oder das andere, sondern beides gleichzeitig. Der Wunsch nach totaler beständiger Isolierung ist der Ausdruck eines Problems, der Versuch, sich dem Druck des Verliebtseins zu entziehen. Wenn der Druck der Umgebung sehr schwer ist, wenn die Schwierigkeiten, dies zu integrieren, beinahe unübersteigbar werden, dann versuchen die Verliebten sich von der realen Welt zu trennen. Die Isolation wird zum befreienden und befreiten Freiraum, in dem Ruhe und Frieden herrscht und von dem aus man gestärkt die Welt neu angehen kann. Wenn beide Verliebte sich in der gleichen Situation befinden, dann ist der Wunsch zu flüchten, sich allem zu entziehen, um das Zusammenleben zu stabilisieren, und das zurückzuerobern, was man verloren hat, vermutlich sehr stark. Wenn das Problem aber nur für einen besteht, wird er derjenige sein, der die Verliebtheit als Refugium sieht. Dies gerät aber in Konflikt mit den Wünschen der anderen Person, die ihre Liebe in der Welt realisiert wissen will, in einer konkreten Art. Die einbeziehen will, was einzubeziehen geht, entfernen will, was zu entfernen ist. Für den einen wird die Liebe zu einer Art Ferien von der Welt, zu einem Hafen, einer Insel der Liebe, wo man sich ausruht, wohin man sich zurückzieht. Die Liebe ist für ihn ein Rosengarten inmitten der Wüste des Alltags. Für den anderen ist dieser Traum ein Verzicht, denn er möchte die ganze Welt in einen Rosengarten verwandeln. Es ist ein Beispiel, wie die Verliebtheit zwischen zwei Menschen zwei vollkommen verschiedene Vorstellungen vom außergewöhnlichen Leben entstehen lassen kann. Vorstellungen, die allerdings unvereinbar sind, so daß auf jeden Fall eine fallen gelassen werden muß, vielleicht sogar beide. Sonst zerreißt sich die Verliebtheit in Widersprüchen.

Was geschieht, wenn zwei verliebte Personen ein Kind bekommen? Nehmen wir den Fall, daß einer der beiden das Kind nicht will, dann erlebt er, wenn es geboren wird, die Liebe des anderen zu diesem Kind als Verrat, er fühlt sich verlassen. In der islamisch-persischen Geschichte rebelliert Iblis (Satan) gegen Gott, weil Gott, nachdem er den Menschen geschaffen hatte, den Erzengeln befahl, diesen zu lieben. Iblis sagte, er sei dazu nicht imstande, denn er liebe nur Gott, und könne dessen Liebe zum Menschen nicht akzeptieren. Lieber wolle er Gott verlieren, als ihn mit einem anderen zu teilen. Nehmen wir jetzt den Fall, daß beide das Kind wollen. Das Kind kommt als Wunschkind zur Welt und wird zu einem neuen Pol der Liebe. Doch auch in dieser Situation endet die Verliebtheit. Es fällt schwer, das zuzugeben. Es gibt eine alte Volksweisheit, die sagt, daß ein Kind die Liebe verstärke, ja, sogar eine gefährdete Liebe wieder in Ordnung bringe. Für die Liebe trifft das zu, nicht für die Verliebtheit. Das Kind wird zum Liebesobjekt für beide. Sie verlieben sich beide gleichzeitig in das Kind. Ihre Verbindung ist damit abhängig von etwas Drittem, nicht mehr nur von ihnen beiden allein. Die egoistischen und absoluten Ansprüche geben den Platz für eine dritte Person frei. Keiner ist mehr das Wichtigste für den anderen. Keiner mehr der Gott des anderen.

Beide beugen sich vor etwas Neuem. Und wenn zwischen ihnen eine Unstimmigkeit, eine Unaufmerksamkeit aufkommt, kann jeder »Schutz« bei dem Kind finden. Vor allem die Mutter, die es in sich trug, die es ernährt, sie wird zumindest in den ersten Monaten das absolute Objekt des Kindes. In Wirklichkeit ist die Geburt eines Kindes für die Mutter fast immer eine echte Verliebtheit. Alle ihre Interessen, all ihre Pflege, all ihre Ängste sind auf das Kind gerichtet. Die neue Exklusivität ist stärker als die alte. Noch vor dem Ödipuskomplex, der die ganze Familie dominiert, steht der Komplex des Laios: die Eifersucht des Vaters gegen den Sohn, oder, besser gesagt, gegen das Paar Mutter–Sohn, welches absoluter, geschlossener ist als das Paar Mann und Frau. Die Geburt des Sohnes, die Liebe zum Sohn, verstärkt die Verbindung, stabilisiert die Liebe, aber sie beendet die Verliebtheit.

Unsere Kultur versucht, den Bruch, den die Geburt eines Kindes verursacht, zu verdecken. Die Verliebten stellen fest, daß der Elan und die große Sehnsucht von früher nicht mehr vorhanden ist. Alles hat sich verändert. Auf die instabile Struktur der Verliebtheit folgt eine möglicherweise wesentlich stabilere. Denn auch wenn die Verliebtheit aufhört, ja sogar wenn die Liebe verschwindet und man sich trennt, überleben die beiden Paare, Mutter–Kind, Vater–Kind.

ACHTES KAPITEL

»Da wies ihn Gott der Herr aus dem Garten Eden, daß er das Feld baute, davon er genommen ist, und trieb Adam aus und lagerte vor den Garten Eden die Cherubim mit dem bloßen, hauenden Schwert zu bewahren den Weg zu dem Baum des Lebens.« So sagt die Bibel. Im Entstehungszustand entreißt der Mensch den Cherubim das Schwert und tritt in den Garten Eden ein.

Aber er kann dort nicht wohnen, er kann kein Haus bauen und die Erde bearbeiten. Der Entstehungszustand ist per definitionem vergänglich. Er ist kein Bleiben; er ist ein Gehen; ein Gehen auf etwas zu und das Ankommen ist ein Weggegangensein. Verliebtheit endet, wenn alles gut geht, in Liebe; die Bewegung schafft, wenn sie gelingt, eine Institution. Aber die Beziehung, die zwischen Verliebtheit und Liebe besteht, zwischen Entstehungszustand und Institution, gleicht der Beziehung, die zwischen dem Fliegen, dem »über den Wolken schweben« und dem »wieder mit den Füßen fest auf dem Boden stehen« herrscht. Ein anderes Bild ist das von der Blüte und der Frucht. Die Frucht entsteht aus der Blüte. Aber die Frucht ist nicht die Blüte. Wenn es die Frucht gibt, ist die Blüte verschwunden. Und es hat keinen Sinn, sich zu fragen, ob die Blüte besser ist als die Frucht oder umgekehrt. Daher hat es auch keinen Sinn sich zu fragen, ob der Entstehungszustand oder die Institution besser ist. Ohne das eine gibt es das andere nicht – und umgekehrt. Es hat aber auch keinen Sinn, die beiden zu verwechseln, denn sie sind grundverschieden. Die Art zu fühlen, zu denken und zu leben ist im Entstehungszustand anders als im alltäglichen Leben. Es handelt sich nicht nur um andere Gedanken, sondern um eine ganz andere Art zu denken. Um ein anderes Ordnungssystem.

Fangen wir irgendwo an. Im täglichen Leben denken wir bei allen Zielen, die wir uns setzen, und allen Dingen, die wir versuchen zu tun, daran, sie in den uns gesteckten Möglichkeiten zu tun. Wir nehmen uns keine unrealisierbaren Dinge vor. Andererseits sind unsere Wünsche unbegrenzt. Wenn uns die berühmte Fee aus dem Märchen erscheinen würde und uns drei Wünsche freistellte, wären wir verblüfft. Seltsamste Wünsche fielen uns ein: Ganz reich sein! Keine Krankheiten bekommen! Aber sollen wir uns dies nur für uns selbst wünschen, oder auch für unsere Lieben? Immer jung bleiben! Aber wollen wir alleine jung bleiben? Man könnte natürlich auch einfach nur um Glück bitten, aber Glück ist kein Ding, das Problem ist, die Dinge zu benennen, die Glück bedeuten. Eine verliebte Person wüßte, was sie sich wünschen würde: »Daß der andere mich liebt.« Und wenn ihr noch zwei Wünsche blieben, würde sie hinzufügen: »Daß ich fortfahre ihn zu lieben und er fortfährt mich zu lieben.« Der Wunsch ist präzis. Aber der Verliebte ist sich seiner Möglichkeiten nicht bewußt, während er wünscht. Niemand verliebt sich, indem er sich sagt: »Ich kenne die Mittel, um diese Person in mich verliebt zu machen, und deshalb verliebe ich mich jetzt in sie.« Zuerst verliebt man sich, zuerst sehnt man sich nach der Liebe des anderen und dann sucht man nach Mitteln und Wegen, um vom anderen geliebt zu werden. Ein weiterer Unterschied zum täglichen Leben ist, daß es in diesem nicht wirklich einen Unterschied zwischen lebenswichtigen Bedürfnissen und solchen Bedürfnissen gibt, die *nicht* lebenswichtig sind. Im Entstehungszustand aber gibt es dies sehr wohl. Alles, was dazu dient, geliebt zu werden, ist existentiell. Der Rest zählt nicht. Es ist schön, gut zu essen, wenn es dem Geliebten Spaß macht, aber alleine ist es uns ganz gleichgültig. Um ihm zu begegnen, um mit ihm zusammen zu sein, sind wir bereit, auch sehr ermüdende Reisen zu machen, nicht zu schlafen und nicht zu essen. Und es macht uns nichts aus; im Gegenteil, wir sind glücklich.

Alle Dinge, die uns im täglichen Leben unerträglich scheinen, tun wir dann ohne zu klagen. Im täglichen Leben zählt der berechenbare Tausch. Wenn ich dir etwas gebe, will ich etwas im Wechsel dagegen, und es muß den gleichen Wert haben. Im Entstehungszustand gelten die Regeln des Kommunismus:

Jeder gibt soviel er kann und bekommt soviel, wie er braucht. Es gibt keine Buchhaltung zwischen dem, was ich gebe und dem, was ich bekomme.

Jeder macht dem anderen Geschenke: die Dinge, die er schön findet, die von ihm selbst sprechen, die an den Geliebten erinnern. Aber auch die, die ihm gefallen, die er genannt oder angesehen hat. Das Geschenk ist oft eine spontane Tat, ein Symbol, das die eigene totale Bereitschaft zeigt. Aber das Geschenk erwartet kein Gegengeschenk. Beim Überreichen des Geschenkes ist die Rechnung sofort ausgeglichen: Es reicht, wenn es dem anderen gefällt, wenn er sich freut. Die Freude des anderen ist mehr wert als jeder Gegenstand. So besteht zwischen den beiden ein Zustand des Schenkens, der aber nicht vom Tausch geprägt ist. Jeder gibt nach seinen Möglichkeiten und jeder bekommt nach seinen Bedürfnissen. Wenn Buch gehalten wird über die Geschenke, wenn es heißt »Ich habe dir gegeben und du nicht«, dann geht die Verliebtheit zu Ende. Im Kommunismus gibt es die Erfahrung der Gleichheit. Einer Gleichheit, die überhaupt nichts mit dem Mangel an Unterschied zu tun hat. Jeder ist vollkommen ersehnt, als Individuum – einzigartig und unverwechselbar. Die Gleichheit steht für die absolute Gleichheit der Rechte, des Rechts eines jeden. In der Verliebtheit gibt es keine im vorhinein festgelegten Rechte. Da die Erfüllung der eigenen Wünsche vollkommen vom anderen abhängt, hat jeder dem anderen gegenüber eine immense Stärke, sogar eine totale Stärke. Aber –

außer im Fall einer einseitigen Verliebtheit – ist diese Stärke symmetrisch. Jeder ist in der Gewalt des Geliebten. Eine andere Dimension des Entstehungszustandes ist die der Wahrheit und der Authentizität. Verliebtheit ist die Suche nach der eigenen, tiefsten Authentizität, ein Suchen nach dem eigenen Selbst, bis auf den Grund. Dies wird durch die andere Person erreicht, im Dialog mit ihr, in der Begegnung, in der jeder Anerkennung im anderen sucht, im Akzeptieren, im Verständnis, in der Bestätigung und der Befreiung dessen was war, und dessen was ist. Die Aufarbeitung des Vergangenen, von dem wir bereits sprachen, macht dieses Vergangene ungefährlich.

Es ist nicht verwunderlich, wenn in unserer Analyse immer wieder religiöse Bezüge auftauchen. Die Dynamik des Entstehungszustandes läßt sich bis heute ausschließlich in der Sprache der Metaphysik und der Religion ausdrücken. Im weitesten Sinne ist es unser Ziel, die Theologie auf die Erde zurückzubringen, sie zur menschlichen Realität zurückzuführen, die menschlichen Beziehungen zur Gottheit zu beschreiben. Die Beichte und die Absolution sind daher zwei wichtige Komponenten in der Erfahrung des Entstehungszustandes. Verliebte fragen sich immerfort, was sie denken: »Was denkst du?« ist eine spontane Frage in der Verliebtheit. Im Grunde heißt es nichts anderes als: »Denkst du an mich?« Aber ein einfaches Ja ist nicht ausreichend. Der eine will vom anderen wissen, von seinem Leben, von seinen Gedanken, auch von den verstecktesten, er möchte die totale Transparenz. Er möchte sich als authentisches Objekt der Liebe einfügen, möchte aber auch Dolmetscher sein, Tröster und Führer. Es reicht also nicht, daß der andere sagt »An dich«. Er muß es genau beschreiben können. Das »An dich« bezeichnet immer den Punkt des Weggehens und den Punkt des Ankommens. Aber der Reichtum der konkreten Realität wird einer Verwandlung unterworfen, einer Transsubstantiation. Hier ziehen wir abermals einen religiösen Begriff heran: die Verwandlung der Substanz. Etwas, was bis jetzt banal war, verwandelt sich, sobald es im Gespräch zwischen zwei Liebenden erwähnt wird: Es wird wertvoll. Gehen wir noch einen Schritt weiter. Nur das Objekt unserer Liebe hat einen Wert in sich, alle anderen Dinge nicht. Diese Trennung zwischen dem, was einen Wert in sich hat und dem, was keinen Wert in sich hat, ist das Fundament für die Metaphysik. Wir können also sagen, daß wir im Entstehungszustand die Fähigkeit haben, metaphysisch zu denken. Diese Fähigkeit läßt uns Wesentliches, unsere Realität, von Unwesentlichem unterscheiden. Es ist eine Trennung, die sich durch alle Dinge, sogar durch uns selber zieht. Solange wir mit dieser Realität in Verbindung stehen, sind wir transparent, sind wir Träger von Werten und absoluten Rechten. Sobald wir mit dieser Realität nicht mehr in Verbindung stehen, sind wir nichts mehr wert, bedeuten wir nichts mehr. Da aber die Verliebtheit ein Prozeß ist, in dem fortlaufend etwas geschieht, Objekte und Erfahrungen sich austauschen, ist sie auch eine fortlaufende Bewegung im Metaphysischen. Ein Sich-Abwechseln zwischen dem Realen und dem Unwichtigen. Das Unwichtige wird real und das Reale unwichtig. Auf der einen Seite steht also die Transsubstantiation und auf der anderen Seite die Degradierung.

Wir haben ein Schmuckstück in der Hand und möchten es dem geliebten Menschen schenken. Er akzeptiert es, es gefällt ihm. Er trägt es mit sich. Es wird ein Teil von ihm, ein Teil von beiden. Nehmen wir jetzt an, daß wir uns gestritten haben und daß wir ängstlich sind. Aber während wir uns begegnen, sehen wir, daß er das Schmuckstück noch trägt. An diesem Punkt bekommt das Schmuckstück eine andere Bedeutung: Es steht stellvertretend für den geliebten Menschen, der uns sagt »Ich liebe dich doch noch«. Es kann aber auch sein, daß irgend etwas an uns dem Geliebten nicht gefällt, z. B. ein bestimmtes Kleid, ein bestimmtes Accessoire. Er sagt es uns und sofort wird der Gegenstand wertlos und degradiert. Auch wenn er einmal wertvoll war, jetzt gilt er nichts mehr. Kehren wir zum Ausgangspunkt unserer Überlegungen zurück. Diese geschlossene Art des Denkens und Fühlens (ewige Momente, Glück, absolutes Beenden, Selbstbeschränkung der Bedürfnisse, Gleichheit, Kommunismus, Authentizität und Wirklichkeit, Realität und Unwichtigkeit) gehören untrennbar zum Entstehungszustand. Im Entstehungszustand denken, fühlen und bewerten wir auf eine völlig andere Art. Das Außergewöhnliche stößt uns nicht von außen her zu, es ist nicht von der Außenwelt abhängig. Wir sind verändert und deshalb sehen wir einen anderen Himmel, eine andere Erde, eine andere Art Menschen, eine andere Natur. Der Entstehungszustand ist ein Versuch, die Erde neu zu gestalten und aus dieser Neugestaltung heraus zu denken und zu leben; die Erfahrung der Solidarität zu verwirklichen, die Entfremdung aufzuheben und die Dinge wichtig werden zu lassen.

Es sind dies unsere geheimsten Wünsche, die wir nie völlig nach außen dringen lassen. Es ist der Versuch, auf der Welt so weit wie irgend möglich etwas von der absoluten Solidarität zu verwirklichen, die wir im Verliebtsein selbst erfahren haben. Es ist also eine Erforschung des Möglichen, vom Unmöglichen ausgehend, um zu versuchen, einen paradiesischen Zustand auf der Erde herzustellen. Deshalb sagte ich auch am Anfang, daß der Mensch im Entstehungszustand den Cherubim das Schwert entreißt und in den Garten Eden eintritt. Aber die Verliebtheit dauert nicht ewig.

Das Außergewöhnliche lebt inmitten des Alltäglichen und kehrt zum Alltäglichen zurück. Genau dies ist der Garten Eden. Wir kennen ihn alle, wir waren alle schon dort, wir haben ihn alle verloren, wir erkennen ihn alle wieder.

NEUNTES KAPITEL

Wir haben gesehen, daß sich nur derjenige verliebt, der bereit ist, sich zu verlieben. Und nur dann, wenn bestimmte Dinge vorausgegangen sind. Wer sich wirklich verlieben will, hat es bereits mehrere Male ausprobiert. Jemand, der signalisiert, daß er sich verlieben möchte, wird im modernen Sprachgebrauch als »liebenswert« bezeichnet. Darin ist ein Element der Wahrheit enthalten. Aber die Anfangsspannung, die zum Entstehungszustand führt, kann aus vielem entstehen. Es ist gleichgültig, ob es sich darum handelt, im Glauben zu konvertieren, ob man in eine politische Gruppe eintritt, oder ob man sich eben verliebt. Verliebtheit ist ein Teil unserer Kultur, wie sie ein Teil unserer Seele ist. Selbst das Wort Verliebtheit ist ein Kulturprodukt, es beschreibt und definiert einen bestimmten Typus des Erlebens. In der griechischen und römischen Welt lebten die Menschen natürlich auch zu zweit im Entstehungszustand. Aber sie sprachen nicht von Verliebtheit. Im Islam gibt es eine reiche, mystisch gefärbte Liebesdichtung, aber die Literatur, die wir zum Beispiel im christlichen Mittelalter als Liebeslyrik bezeichnen würden, fehlt vollständig. Diese Disposition der Seele, eine Lösung im Entstehungszustand zu zweit zu finden, kann durch eine Kultur oder eine Ideologie allerdings auch verboten werden.

Zwei Personen, die wirklich bereit sind sich ineinander zu verlieben, sich zu begegnen, haben große Chancen sich zu finden und sich »zu erkennen«. Die Gründe für dieses Phänomen haben wir im vorhergehenden Kapitel besprochen. Im Entstehungszustand denken, sehen, fühlen und leben wir auf eine bestimmte Art, die vollkommen anders ist als die des täglichen Lebens. Die Menschen, die sich in diesem Zustand begegnen, haben ein wesentlich tieferes Verständnis füreinander. Auch wenn sie aus völlig verschiedenen eigenen Leben kommen, haben sie der Welt gegenüber eines gemeinsam: Sie sind beide verliebt. Das ist auch das Motiv, aus dem heraus in den großen Kollektivbewegungen Tausende und Abertausende von Personen, die nach Alter und sozialer Struktur völlig verschieden sind, sich erkennen und eine kollektive Gemeinsamkeit bilden, ein Wir. Im Entstehungszustand erkennt und versteht man sich auf einer intuitiven und tiefen Ebene. Ein berühmter mittelalterlicher Mystiker, Raimondus Lullus, schrieb, daß Liebende zwar zwei Personen, trotzdem aber verbunden seien, ohne Gegensätze, ohne eine Verschiedenheit des Seins.* Dieses »Sein« ist die kategorische Struktur des Entstehungszustandes. Aus

* Raimondus Lullus, Das Buch vom Liebenden und Geliebten, in: Wissenschaft und Weisheit 5 (1938) und 7 (1940).

ihm entsteht eine ganz spezifische Erfahrung, daß man nämlich, obwohl man völlig verschieden ist, eine sehr starke geistige Verbindung zueinander hat. Diese geistige Verbindung ist nicht von Anfang an da, sie entsteht im Laufe des Zusammenseins. Zuerst spricht jeder eine andere Sprache, jetzt sprechen beide die gleiche. Im Entstehungszustand wird auch die Art des persönlichen Denkens anders, das heißt, sie wird für beide Personen gleich. Das heißt auch, daß der Entstehungszustand zwei Menschen in die gleichen Kategorien einbindet, was es möglich macht, daß zum Beispiel zwei Personen, die verschiedene Sprachen sprechen, und die Sprache des anderen kaum verstehen, sich ineinander verlieben und dann auch verstehen können. In der religiösen Tradition wird das als »Sprachwunder« des Multilingualismus bezeichnet.

Wer liebt, versucht den Geliebten in seine Liebe hineinzuziehen. Wenn der andere bereit ist, sich zu verlieben, kann eine Begegnung stattfinden. Es kann aber auch passieren, daß jemand sich für eine Person interessiert, so daß Verliebtheit in ihm geweckt wird, die sich aber dann irrtümlicherweise auf eine andere Person richtet. Gefühle werden geweckt, aber der Adressat, an den sich diese Gefühle wenden, ist nicht derjenige, der sie ausgelöst hat. Diese verschiedenen Arten von Möglichkeiten zwingen uns dazu, eine ganz entscheidende Frage zu stellen: Ist es so, daß im Zustand der Verliebtheit beide immer gleich stark lieben oder ist es möglich, daß der eine mehr liebt als der andere? Die Verliebtheit verändert einen Menschen in seinem Innersten, so daß er sich aufmacht, den anderen zu suchen und zu erreichen. Immer ist am Anfang nur einer verliebt. Die meisten dieser Initiativen enden sofort. Bei einigen dagegen geht der Prozeß weiter, und wir können zwei verschiedene Arten des weiteren Verlaufs feststellen. Im ersten Fall war die Wahl richtig, auch die andere Person war bereit sich zu verlieben. So kann sich der Entstehungszustand zu zweit, die Verliebtheit entwikkeln.

Aber oft hat die andere Person nur den Wunsch, ein Abenteuer zu erleben. Oder sie ist von einer erotischen oder intellektuellen Ausstrahlung angezogen. Dann verliebt sie sich nicht. Das heißt nicht, daß sie die Liebe des anderen ablehnt, denn natürlich schmeichelt Liebe immer. Aber innerlich wird sich dieser Mensch nicht ändern, er tritt nicht in den Entstehungszustand ein, er nimmt nur am Entstehungszustand des anderen teil. Es kann sogar sein, daß er selbst glaubt, er sei verliebt. Aber er ist verliebt »aus zweiter Hand«, er nimmt nur teil an den Symbolen und an der Sprache des Verliebtseins, die der andere spricht. Wenn man beide zusammen sieht, kann allein ein aufmerksamer Beobachter feststellen, daß nur einer der beiden wirklich tief verliebt ist. Diese Art der ungleichen Verliebtheit gibt es sehr oft und sie kann sehr lange andauern. Manchmal kann sie sogar dazu führen, daß die beiden heiraten.

Langsam aber stetig stabilisiert sich zwischen den

beiden eine tiefe Zuneigung. Wenn der Verliebtheit aber große Hindernisse entgegenstehen, wenn z. B. einer der beiden bereits verheiratet ist oder Kinder hat oder für längere Zeit weg muß, zeigt sich die Verschiedenheit. Im Grunde kann die Person, die in die Verliebtheit »hineingezogen« wurde, auch ohne den anderen auskommen. Wer aber wirklich verliebt ist, kann ohne den anderen nicht leben. Der eine kennt Alternativen, der andere nicht! Der eine kann seine Konditionen stellen: »Ich bin hier, ich mag dich, löse deine Probleme und komm' wieder zu mir zurück. Bis du sie aber gelöst hast, brauchst Du nicht zu kommen.« Die in die Verliebtheit hineingezogene Person fühlt die Probleme als die des anderen. Nicht als gemeinsames Drama; für sie heißt das: Arrangiere dich! In der beidseitigen Verliebtheit versucht jeder in das »Territorium« des anderen einzudringen; alle Probleme sind »unsere« Probleme und müssen von »uns« gelöst werden.

Betrachten wir noch einen anderen Fall von ungleicher Verliebtheit. Die Menschen sind nicht alle gleich! Es gibt große Unterschiede in Sensibilität, Intelligenz, Kultur und Kreativität. Wenn ein kreativer Mensch sich verliebt, wird er kreativer, er bereichert das Leben mit den Werken seiner Imagination. Er konstruiert phantastische Labyrinthe und verzauberte Städte und lebt in ihnen, als ob sie Wirklichkeit wären. Die Künstler, Poeten, Wissenschaftler leben in einer selbst erschaffenen Welt, und wenn sie sich verlieben, versuchen sie den Geliebten in diese ihre

Welt zu versetzen. Die Faszination, die von ihnen ausgeht, ist sehr groß – aber auch die Enttäuschung, die sie verursachen können. Die Mehrheit der Menschen will Realitäten, und angesichts dieser phantastischen Produktionen haben sie den Eindruck von etwas Irrealem, ja sogar von etwas Falschem. Es gibt Verschiedenheiten, die auch die Verliebtheit nicht zu überbrücken vermag. Die Komplexität kann das Einfache verstehen; aber das Einfache versteht die Komplexität nicht. Sie erscheint ihm (dem Einfachen) als Falschheit und Verrücktheit.

Dostojewski verstand das Mädchen, in das er sich auf einer Italien-Reise verliebte, aber sie konnte ihn absolut nicht verstehen. Bei der Lektüre von Goethes Werther wird der Abgrund zwischen Werther–Goethe und der einfachen Charlotte klar erkennbar. Bei Virginia Woolf fühlt man dauernd die Einsamkeit des Genies, das nicht verstanden wird.

Allerdings müssen wir der Tatsache Rechnung tragen, daß Verliebtheit einen einfachen Menschen so verwandelt, daß er dem Dichter nahekommt. Die Sprache des Entstehungszustandes ist die Sprache der Mystik, der Poesie. Wenn zwei Personen verschieden stark verliebt sind, dann wird diejenige, die wirklich verliebt ist, versuchen, imaginäre Welten zu schaffen. Wer weniger liebt, hat konkrete, präzise Nachfragen. Aber der Entstehungszustand birgt in sich den Versuch der Entdeckung des Möglichen – ausgehend vom Unmöglichen. Es gibt keine pedantische Absicherung dessen, was man tun muß und tun darf. Und genau an diesem Punkt wirft der weniger Verliebte dem Verliebten vor, daß er in einer irrealen Welt lebe, in der alles Spiel und Phantasie sei. Dort, wo eine überfließende Produktion von Symbolen, Mutproben und Opfern einsetzt, fühlt der weniger Verliebte die Künstlichkeit. In der ungleichen Verliebtheit wird der weniger Liebende dem anderen immer vorwerfen, er sei weniger sensibel. Er hält ihn für egoistisch, findet, daß sein Leben aus Phantastereien bestehe und daß er doppelsinnig sei. Der wirklich Verliebte wird immer, auch durch tausend Nebel hindurch, die entscheidende Frage stellen: Liebst du mich? Und er ist es, der gibt.

ZEHNTES KAPITEL

Wir sagten, daß nur derjenige sich verliebt, der dazu bereit ist. Heißt das also, daß wir uns nur dann verlieben, wenn wir den Wunsch nach Verliebtheit haben? Heißt das, daß nur derjenige, der die Sehnsucht nach einer großen Liebe hat, fähig ist, sich zu verlieben? Nein. Es gibt keinerlei Verbindung zwischen dem Wunsch nach Liebe und der Verliebtheit. Es gibt Menschen, die diese Sehnsucht Jahr um Jahr in sich tragen. Die anderen Menschen entgegengehen, immer mit dem Wunsch zu lieben und geliebt zu werden: Aber sie begegnen diesen Menschen nie. Sie geben dem Mißgeschick die Schuld, der Umwelt, in der sie leben oder ihrem komplizierten Geschmack. Oft haben sie den Eindruck, der richtigen Person begegnet zu sein: Ein Gefühl ist da, eine Sehnsucht, ein Zittern vor dem Wiedersehen – aber es ist wie ein Blitz, der wieder erlischt. Meist behalten sie den Eindruck, daß es doch nur jemand war, der nicht so gut zu ihnen paßte. Sie spüren Desinteresse und Leere um sich. Sie wünschen sich sehnlichst geliebt zu werden, sie warten auf den Menschen, der »Ja« sagt – aber keiner sagt es. Ihnen selbst scheint ihr Rufen verzweifelt.

Aber rufen sie wirklich? Man kann daran zweifeln! Denn wenn dann wirklich jemand auf den Ruf antwortet, finden sie etwas an ihm, das sie stört. Es kann ein körperliches Charakteristikum sein, oder die Tatsache, daß er zu alt oder zu jung ist, zu unerfahren oder zu kritisch, zu begeistert oder zu kalt. In Wirklichkeit sind sie nicht bereit sich zu verlieben, auch wenn sie es wünschen. Die Verliebtheit, die sie sich wünschen, auch wenn ihr Bedürfnis danach stark ist, hat nicht die Stärke, mit der Vergangenheit vollständig zu brechen, nicht die Kraft, das gesamte Leben in Frage zu stellen, sie ist nicht imstande, etwas ganz Neues zu wagen.

Niemand verliebt sich, wenn er auch nur teilweise mit dem Bestehenden zufrieden ist! Verliebtheit entsteht nur dann, wenn das alltägliche Leben mehr oder weniger unerträglich geworden ist. Wenn es unmöglich geworden ist, ihm einen wie auch immer gearteten Wert zuzumessen.

Das »Syndrom« der Bereitschaft sich zu verlieben ist nicht der bewußte, intensive Wunsch, das Leben, das man führt, zu bereichern: Es ist das tiefe Wissen, daß wir selbst nichts Wertvolles sind und nichts Wertvolles haben, und es ist die Scham, die dieses Wissen begleitet. Das erste Anzeichen, daß sich eine Verliebtheit vorbereitet, ist also das Gefühl der Wertlosigkeit und die Scham über die eigene Wertlosigkeit. Aus diesem Grund verlieben sich junge Menschen häufiger. Sie sind unsicher, sie kennen ihren Wert nicht, oft schämen sie sich ihrer selbst. Dasselbe gilt für die anderen Altersstufen des Lebens: wenn wir etwas aus unserem Dasein verlieren, am Ende der Jugendzeit oder wenn wir uns dem Alter nähern. Wir verlieren unwiederbringlich etwas von uns, gezwungenermaßen werden wir zu etwas ohne Wert, wir werden degradiert, wir sehen uns konfrontiert mit etwas, was wir einmal waren. Es ist nicht das Heimweh nach Liebe, was uns zur Verliebtheit führt, sondern die Sicherheit, nichts zu verlieren; es ist das Wissen, nichts vor sich zu haben. Erst dann entsteht in uns die Bereitschaft zum Anderen, zum Risiko, die Bereitschaft, sich ins Alles oder Nichts zu stürzen, was diejenigen, die auch nur geringfügig mit sich zufrieden sind, nie verstehen werden. Welche anderen Anzeichen für eine Bereitschaft sich zu verlieben können wir noch finden? Manchmal beginnt alles mit einer großen Enttäuschung. Eine Enttäuschung, die wir uns selbst bereiten, oder der Person, die wir einmal liebten. Es kann eine gefährliche Krankheit sein, oder wir wurden lange schlecht behandelt, es mag sich um eine Ansammlung vieler Enttäuschungen handeln, die wir immer verdrängt haben. Wir reagieren, indem wir uns in uns zurückziehen, uns verschließen. Und dann kann es passieren, daß wir uns umsehen und feststellen, daß die anderen Menschen glücklich sind. Das ist das Signal.

Im allgemeinen kümmern wir uns nicht um das Glück der anderen, aber wenn wir bereit sind uns zu verlieben, werden wir beinahe magisch und schmerzhaft davon angezogen. Wir fühlen Neid, wobei das

Wort Neid nicht ganz richtig ist. Denn es geht ja mehr um das Gefühl, daß uns etwas fehlt, daß wir ausgeschlossen sind von einer Welt voller Sehnsüchte und deren Befriedigung. Diese starke Sehnsucht und ihre Erfüllung sehen wir in anderen, auch wenn dies nichts mit der Realität zu tun hat, und es sich am Ende um unsere eigenen Sehnsüchte und um unsere neu aufgelebte Fähigkeit, intensiv zu leben, handelt. In dieser Phase sehen wir das aber nicht so, wir sehen nur die anderen. Das Leben wird auf diese Art intensiver und zur gleichen Zeit schmerzhafter, weil wir spüren, daß wir von einer Welt ausgeschlossen sind, die reicher ist als unsere eigene, trotzdem aber auch uns gehört und getragen wird durch die anderen: die Glücklichen. In diesem Zustand gibt es nur den Verzicht und die Arbeit. Nur indem die tägliche Arbeit akzeptiert und nicht in Frage gestellt wird, gelingt es, die Teile des verbitterten »Selbst« zusammenzuhalten. Daß jemand bereit ist, sich zu verlieben, äußert er nicht als Wunsch, vielmehr nimmt er das Leben, das Glück, pulsierender, intensiver wahr, er fühlt sich ausgeschlossen und beneidet die anderen um dieses Glück. Und er ist sicher, daß er es nie erreichen wird.

Doch dann, unter der vielfältigen Bürde der täglichen Pflichterfüllung fühlt er etwas wie eine Vorahnung. Manchmal ist es die Vorahnung eines Unglücks, das Gefühl einer immensen Katastrophe, die die Welt erschüttert. Aber in diesem Fall spielt sich die Katastrophe vor allem in ihm selbst ab. Er macht sie zu seinem persönlichen Unglück. Er hat Angst vor dem Unbestimmten, der Dunkelheit; fühlt sich aber genau von dieser Dunkelheit stark angezogen. Manchmal geschieht es, wenn er müde oder aufgeregt ist, daß er wie versteinert seine Gefühle beobachtet: Er glaubt, daß etwas Grandioses und Furchtbares geschehen wird, seine Sprache wird beeinflußt. Es dauert nur einen winzigen Augenblick und dann ist alles wieder wie zuvor. Ein anderes Mal ist es ein Lied, das ihm einfällt, oder die Zeile eines Gedichtes, die er einem anderen Menschen mitteilt – als ob er sich eine Antwort erwarte. Manche Menschen haben wirkliche Visionen, oder Phantasien, die voll dunkler Bedeutungen sind.

Hier zeigt sich etwas, aber es zeigt sich flüchtig und unbestimmt, es sind Signale einer Transzendenz, ein »Selbst«, das sich so nichts wert ist, wächst in diesem einen flüchtigen Augenblick über sich selbst hinaus, als ob es noch ein zweites »Selbst« gäbe, das darauf wartete, sich zu zeigen, anerkannt zu werden, das sich aber so darstellt, als ob es von außen käme, etwas Objektives sei. Die Verliebtheit ist nicht der Wunsch nach einem schönen oder interessanten Menschen; es ist der Wunsch nach einem Wiedereinstieg in den sozialen Bereich, der Wunsch, die Umwelt mit neuen Augen zu sehen. In der Zeit, in der sich eine Verliebtheit vorbereitet, scheint die andere Welt (die Welt der Glücklichen) sehr weit entfernt zu sein, sie ist auch zeitlich weit weg (»irgendwann wird einmal etwas geschehen«). Das wirkliche Sein der Dinge hat sich noch nicht gezeigt: Aber es hat sich bereits eine Hierarchie gebildet, ein Wertsystem, und es fehlt etwas Unbestimmtes.

Wer sich nach der Verliebtheit sehnt, um seine Existenz zu bereichern, um etwas Wunderschönes zu erleben, der kann sich nicht verlieben. Nur wer seine Existenz aufs Spiel setzt, nähert sich der Tür, die das Wesentliche vom Unwesentlichen trennt. Dies gilt für jeden Entstehungszustand; also ist es auch für jede Bewegung gültig. In dieser Zeit kann es auch sein, daß die Antwort nicht von einer anderen Person kommt, daß es also nicht in Verliebtheit endet. Wenn der betreffende Mensch sich während dieser persönlichen Veränderungen in einer Gesellschaft befindet, in der gerade eine Veränderung stattfindet, schließt er sich dieser an. Er verliebt sich dann nicht in eine Person, sondern nimmt am Entstehungszustand einer Gruppe teil. Er kann sich dann gar nicht verlieben, auch wenn er es sehnlichst wünschte. Wenn er allerdings will, kann er jemanden dazu bringen, sich in ihn zu verlieben. Das ist tatsächlich möglich, denn es gibt immer jemanden, der bereit ist, sich zu verlieben, der bereit ist, sich in das »Alles und Nichts« eines neuen Lebens zu werfen. So kann plötzlich ein Mensch da sein, der ihm beweist, daß alles möglich ist und ihm zeigt, daß sich vor seinen Augen eine Türe öffnet, hinter der alle Freiheit und alle Freude liegt. Es ist möglich, jemanden in sich verliebt zu machen, wenn im richtigen Augenblick eine Person auftritt, die einen absolut versteht, die einen in seinem Willen zum Neuen bestärkt und uns in diese Richtung schiebt. Diese Person macht uns Mut, sie verspricht, das Risiko der Zukunft gemeinsam zu tragen, Schulter an Schulter, für immer. Wer immer es schafft, einen anderen in sich verliebt zu machen, der wartete selbst, beim Namen gerufen zu werden und darauf, gesagt zu bekommen, daß seine Zeit gekommen sei. Wenn er »Ja« sagt, erfüllt sich sein Schicksal. Er trägt eine Gewißheit in sich, die ihn antworten läßt, und in diesem Schritt wächst er weit über sich hinaus. Er erkennt sich in anderen wieder und verliebt sich. All dies kann trügerisch sein, es kann sein, daß der andere falsch spielt. Aber wer macht so etwas? Wer kann einen anderen in sich verliebt machen, ohne in denjenigen auch verliebt zu sein? Es gibt Menschen, die sich verlieben wollen, um ihr tägliches Leben zu bereichern. Sie suchen eine Antwort, fürchten, sie nicht zu finden und so – im dauernden Versuch des »Umwerbens« – finden sie einen Menschen, der in sich die Notwendigkeit fühlt, diese Antwort zu geben. Es kann aber auch etwas Gefährlicheres dahinterstecken, zum Beispiel der Wunsch nach Erfolg, oder der Wunsch nach Macht. Die Liebe gibt dem Liebenden große Macht, sie ermöglicht die Befriedigung der eigenen Eitelkeit, indem man den anderen zum Sklaven macht, der bereit ist, jeden Wunsch zu erfüllen.

Was geschieht aber, wenn der eine liebt und der Geliebte nicht wiederliebt, weil er noch nie in seinem Leben geliebt hat? Dies ist der extreme Fall einer einseitigen Verliebtheit, der gefühllose Betrug. Aber eben weil es Betrug ist, wird er in den meisten Fällen aufgedeckt. Die Verliebtheit besteht aus Bewährungsproben, und wer den anderen verliebt gemacht hat – weil er sich verlieben wollte, oder aus Bedürfnis nach Macht, oder weil er eine total abhängige Person brauchte –, der wird sehr bald die Bewährungsproben ablehnen. Und wenn es nur ist, daß er die ewige Frage »Liebst du mich?«, auf deren verschiedene Arten und Formen er keine Antwort geben kann, nicht mehr hören mag.

In all diesen Fällen wird durch die Bewährungsprobe der Betrug aufgedeckt. Natürlich hilft dies nicht über den großen Schmerz hinweg, den derjenige über den Verlust empfindet, der wirklich liebte. Aber im Grunde ist der Verlust weniger groß, je größer und durchschaubarer der Betrug war. Das sichere Gefühl stellt sich ein: »Er hat mich nie geliebt.« Die bittere Erfahrung löst sich auf. Es war eine Illusion. Auch wenn manchmal der Unterschied schwer festzustellen ist, dürfen wir diese Situation doch nicht mit einer anderen verwechseln. Es ist dies die Situation, in der einer den anderen weniger liebt, aber fest davon überzeugt ist zu lieben. Hier ist alles anders: denn der Betrug kann nicht nachgewiesen werden, und der Verzicht ist mit Zweifel behaftet, Zweifel, die um ein unlösbares Dilemma kreisen.

Wir werden noch darauf zurückkommen, denn die Reaktion des Verliebten ist in diesem Fall schlimm: Sie gleicht einer Versteinerung.

ELFTES KAPITEL

Wenn wir uns in einen Menschen verlieben, ist dieser dann in unseren Augen perfekt? Ja und nein. Ja sagen wir, wenn wir in dem geliebten Menschen alles Gewünschte finden. Nein sagen wir, wenn wir nicht alle seine Projekte akzeptieren: Dann verteidigen wir uns, wir kämpfen sogar gegen ihn. Manchmal finden wir in dem, was er sagt, eine tiefe Wahrheit, die wir nie alleine gefunden hätten. Es scheint uns, als ob wir eine vollkommen neue Perspektive der Welt entdeckt hätten. Aber so ist es nicht immer, denn ein anderes Mal sind wir überhaupt nicht einverstanden und versuchen ausführlich unsere Meinung zu erklären und den anderen zu überzeugen. Keiner der beiden Verliebten ist in den Augen des anderen vollkommen. Keiner ist im Vollbesitz der absoluten Wahrheit. Aber jeder ist für den anderen der Mensch, durch den er der Wahrheit am nächsten kommen kann. Und die Wahrheit ist für einen Verliebten etwas absolut Erreichbares. Wenn der andere Mensch durch seine Beobachtung, sein Urteil, durch das, was er erzählt, uns zeigt, was wir noch nie gesehen haben und uns nicht einmal vorstellen konnten, ist es, als ob ein Fenster geöffnet würde, durch das wir die Welt betrachten. Wir nehmen teil an seiner Perspektive, doch wir behalten die unsere. Aber es handelt sich hier nicht um eine bloße Meinung, einen »Gesichtspunkt«, wie man in der Sprache des Alltags sagen würde. Es ist wirklich ein »Fenster zum Sein«. Der andere sieht etwas, was wir zwar auch beobachtet haben, aber wir haben es nicht wirklich gesehen oder verstanden. Von beiden Perspektiven aus sehen wir die gleiche Wirklichkeit, die gleiche Wahrheit, die uns in vielen Teilen unbekannt ist, die aber vor uns steht, faßbar, erkennbar.

Die Qualität der Verliebtheit, im Vergleich zum täglichen Leben, ist die Sicherheit, daß Wahrheit etwas Findbares ist, und daß jedes Problem, auch wenn wir das »Wie« noch nicht wissen, lösbar ist. Es ist also keiner der beiden perfekt, keiner ist unfehlbar. Keiner ist in den Augen des anderen etwas Absolutes. Aber in der gemeinsamen Begegnung – in der Fähigkeit, mit den Augen des anderen zu sehen – erlangen beide einen Grad des Verstehens, den sie bis dahin noch nie erreicht hatten. So kommen sie der Wahrheit sehr nahe. Die Gruppe im Entstehungszustand – zu zweit oder zu mehreren – ist nicht das Absolute, aber sie ist die Straße zum Absoluten, der Weg, das Fenster, durch das das »Sein« sichtbar wird. Und da sich in der Verliebtheit alle Menschen auf eine Person reduzieren – nämlich die geliebte – wird sie diejenige, durch die sich die Wahrheit manifestiert, sie ist nicht ihr Verwahrer und nicht ihr Wächter. Sie ist auch nicht die Tür zur Wahrheit, mal offen, mal angelehnt, mal geschlossen. Dies alles hat nichts mit dem Grad der Intelligenz oder mit der Außergewöhnlichkeit der geliebten Person zu tun. Im Gegenteil, manchmal verstehen wir die Welt besser durch eine Schwäche oder eine Unwissenheit. Es gibt Beobachtungen, Meinungen, Bewertungen, die wir, wenn sie ein anderer als der Geliebte gemacht hätte, nicht beachtet hätten. Sie wären uns oberflächlich oder gar falsch vorgekommen. Wenn die geliebte Person sie macht, haben wir zwar zuerst auch den gleichen Eindruck. Dann aber denken wir weiter darüber nach und finden Wahrheit. Von seiner Sicht aus, von der Basis seiner Erfahrung aus ist das, was er sieht, wahr. So geben wir dieser Erfahrung und dieser Perspektive einen Wert und packen die Welt bei ihrer Subjektivität. Da diese Subjektivität nicht irgendeine beliebige ist, (die uns nicht interessieren würde), erscheint sie uns als etwas Wertvolles, und langsam stellen wir dann fest, daß die Welt so ist, wie wir sie sehen. Und genau das ist der Punkt, an dem wir uns ganz tief verstehen: Jeder fühlt sich vom anderen anerkannt, weiß sich in seiner eigenen tiefsten Subjektivität geschätzt.

In der Verliebtheit erhalten Details Allgemeingültigkeit, und das, was der andere sieht, hat den gleichen Wert wie das, was ich sehe. Wir werden dadurch unseren Erfahrungen gegenüber nicht skeptischer, sondern sicherer. Wir erleben zwei Perspektiven des

»Seins«, und das Wissen darüber wird bereichert; die eigene und die Perspektive des Geliebten heben sich nicht auf, sie integrieren sich. Dieses »Reicherwerden«, das man in der Verliebtheit entdeckt, setzt sich in der Liebe fort. Es geht etwas verloren und dafür kommt etwas anderes hinzu.

Nehmen wir zum Beispiel ein Elternpaar, das ein mongoloides Kind hat. Beide wissen, daß ihr Kind nicht so intelligent ist wie die anderen, daß es in der Schule nicht das leisten kann, was die anderen leisten. Sie lieben es deswegen nicht weniger. Aber um es zu lieben, können sie nicht die gleichen Maßstäbe anlegen, die sie an ein normales Kind anlegen würden. Mit normalen Maßstäben gemessen wäre ein mongoloides Kind ein begrenztes, unvollständiges, unzureichendes, wertloses Wesen. Man könnte es nur noch aus Mitleid lieben, und Mitleid ist nur ein Ersatz für eine nicht existierende Liebe. Die Erfahrung der Eltern, die ein behindertes Kind haben, ist aber eine völlig andersartige. Sie geben der Eigenart ihres Kindes einen Wert. Wenn es erschrickt, erstaunt ist, oder sich über etwas freut, was ein »normales« Kind ganz anders empfinden würde, dann sehen die Eltern mit den Augen des Kindes und haben damit eine gemeinsame Perspektive zur Welt. Und eigentlich ist es verwunderlich, wie sehr wir vergessen haben, mit erstaunten Augen zu sehen!

Die Augen des Kindes sind unschuldig, Erwachsene haben diesen Zugang zur Welt nicht oder haben ihn verloren. Die Welt wird aber dadurch reicher.

Durch ihre Liebe wachen die Eltern darüber, daß diese spezifische Perspektive der Welt dem Kind erhalten bleibt. Verliebtheit ist also das Offensein einer subjektiven Perspektive gegenüber, die Liebe ist ihr Wächter. Heißt das aber, daß wir urteilsunfähig werden? Nein. Eltern verstehen ihr verschrecktes oder erstauntes Kind, ohne selbst erschreckt oder erstaunt zu sein. Sie verstehen es, und weil sie es verstehen, verachten sie es nicht, sondern lieben es. Wir können diese Erfahrung mit einem Problem vergleichen, das in vielen Religionen, sowohl im Islam als auch im Christentum auftritt. Kann Gott, der unendlich und allwissend ist, den Menschen lieben, der sterblich ist und nur Fehler macht?

Vom Gesichtspunkt der Verliebtheit aus gesehen kann die Antwort nur Nein heißen. Verliebte können sich nicht eingestehen, daß der andere, der Geliebte, weniger wertvoll ist. Er kann nur besser sein, denn er ist das Fenster, durch das man die Wahrheit sieht. Gott kann sich also nicht in den Menschen verlieben, denn dieser ist ihm unterlegen. Wenn wir auf der Straße der Verliebtheit gehen, führt das aber auch dazu, daß etwas Subjektives einen Wert für sich bekommt. In der Liebe ist das die stärkste Erfahrung. In der Liebe kennt jeder des anderen Schwächen, aber auch wenn er sie als Schwächen erkennt, versteht er sie, verzeiht und schätzt sie sogar. Er schätzt sie, ob es sich nun um Albinismus, Großzügigkeit oder Enthusiasmus handelt, alles Eigenschaften, mit denen man sich im täglichen Leben Unannehmlichkeiten einhandeln kann. Aber aus der Sicht der Liebe werden sie zu Fähigkeiten. So kommt es, daß Gott den Menschen lieben kann (mit einer Liebe, die eigene Interessen vergißt, und in allem Fähigkeiten sieht). Dieser kleine theologisch-religiöse Exkurs bestätigt uns, daß es notwendig ist, den Moment der Verliebtheit von der Liebe zu unterscheiden. Auch wenn es unzählige verbindende Brücken und Straßen gibt, auf denen Verliebtheit in Liebe einmündet.

ZWÖLFTES KAPITEL

Vor allem Heranwachsende und Jugendliche verlieben sich. Verliebtheit paßt nicht zum reifen Mann, nicht zur verheirateten Frau, die Kinder hat, nicht zum würdevollen Politiker oder zum Bischof. Sie ereilt Künstler, denn diese behalten im Grunde immer etwas von der Leichtigkeit und Unverantwortlichkeit der Jugend. Aber nicht nur die Verliebtheit, auch die politische Leidenschaft, die Begeisterung für einen Kampf, die Bereitschaft, sich kopfüber in ein Abenteuer zu stürzen, sind alles Dinge, die der Jugend zugestanden werden. Auch der schnelle Launenwechsel, der schnelle Wechsel von Begeisterung zu Verzweiflung und wieder zur Begeisterung, emotionelle Krisen, politische Krisen, Verzweiflung über die Heuchelei der Welt, Mißtrauen gegenüber der Justiz, Hoffnung auf eine total gute Welt, und zur gleichen Zeit tiefe Enttäuschung, Bitterkeit, Verzweiflung. Praktisch alle Eigenschaften des Entstehungszustandes finden wir in der Jugend vereint. Die Jugend ist die Zeit des Lebens, in der der Entstehungszustand am reinsten existiert. Und es ist klar, weshalb das so ist: Die Jugend ist die Übergangszeit von der

Kindheit in die Erwachsenenwelt mit ihrer Komplexität. Da der Entstehungszustand ein Trennen von Verbundenem und ein Verbinden von Getrenntem ist, gibt es kein geeigneteres Alter, in dem er sich manifestieren kann. In diesem Alter trennt man sich von der Familie, man trennt sich von einer Welt des kindlichen Glaubens und kindlicher Emotionen. Man bindet sich an andere Menschen, man fängt an zu lieben. Man schließt sich anderen Gruppen an, man beschäftigt sich mit Politik und Wissenschaft. Die Jugend ist das Alter, in dem man fortwährend stirbt und wiedergeboren wird, in dem die Experimente bis an die Grenzen des Möglichen gehen.

In der Jugend verlieben wir uns schnell, wir trennen und vereinen uns. Jugend ist ein ewiger Strom von Entdeckungen und Enttäuschungen. Wenn man aber Verliebtheit nur den Heranwachsenden, der Jugend zugesteht, und nicht auch dem Erwachsenen, darf man eine Tatsache nicht vergessen: Wir gehen davon aus, »daß es sich nicht gehört«, daß es einfach nicht sein darf. Wenn es doch geschieht, wenn sich ein alter Mann in eine junge Frau verliebt, dann sagt die Gesellschaft, daß sich die beiden wie Kinder benehmen. Sie tun etwas, was man ihrem Alter, ihrem Status, ihrem Aufgabenbereich nicht zugesteht. Was in der Jugend erlaubt ist – zum Beispiel, sich von der Familie zu trennen – ist dem Erwachsenen verboten. Er verletzt ein Tabu, wenn er sich von einer Institution trennt, von der es ihm nicht erlaubt ist, sich zu trennen. Der Jugendliche handelt im Bereich des Erlaubten, Anerkannten; was er tut, wird von ihm erwartet. In anderen Altersbereichen ist dies nicht so. Das Kind kann und darf nicht Kind bleiben, von der Mutter, vom Vater, von seinem Spielzeug muß es sich trennen. Der Erwachsene dagegen ist »angekommen«. Er hat seinen Status, seine Position – und die muß er erhalten. Aber der Entstehungszustand zerstört feste Institutionen, er baut eine alternative Solidarität auf. Das heißt Wechsel, Verschleppung, Tod und Auferstehung. Es ist gleichgültig, in welcher Form es sich darstellt, als Verliebtheit, als religiöse Gruppe, als politische Gruppe: Solange es als »Kinderei« abgetan werden kann, ist es erlaubt, aber es wird schlimm, wenn es einem Erwachsenen widerfährt. Geschieht dies, so wird grundsätzlich erklärt, daß es sich um eine »Kinderei« handele, der Erwachsene sich also wie ein Jugendlicher verhalte. Dies ist ein Versuch, die Sache unter Kontrolle zu bekommen. Die Institution hat vor dem Entstehungszustand Angst. Es ist das einzige, was sie fürchtet, das einzige, das sie stört, und zwar von Grund auf. Vom Gesichtspunkt der Institution her ist der Entstehungszustand – per definitionem – das Unerwartete. Da seine Logik anders ist als die des Alltags, wird sie unverständlich. Der Entstehungszustand greift die Institution im Namen ihrer eigenen Werke an und beschuldigt sie der Heuchelei und des Fanatismus. Er hält ihr den Spiegel der eigenen Vergangenheit vor und löst alle Bindungen und Vereinbarungen.

Gegenüber einem Entstehungszustand, auch dem

kleinsten, fühlt sich die Institution in ihrer Sicherheit erschüttert. Sie erkennt das Ereignis, aus dem sie geboren wurde, sie entdeckt in der Entstehung die Kräfte, die sie erhalten. Der Entstehungszustand ist für die Institution ein tödliches Risiko. Alle Sozialmechanismen, alles Wissen um Tradition haben daher nur einen Zweck: zu zerstören, zu verhindern, daß etwas Neues entsteht.

Nur wenn diese Zerstörung nicht gelingt, versucht die Umwelt, den Entstehungszustand in bekannte und anerkannte Formen zu zwingen. Die Verlobung, die Trennung, die Scheidung, die Rache, die Heirat, das sind alles institutionelle Formen, in die eine spezifische Art des Entstehungszustandes gepreßt werden soll. Aber das kommt alles später. Am Anfang gibt es keinen dieser Wege. Die Verliebtheit ist als solche nicht anerkannt. Angesichts dieses Ereignisses, das nicht hätte geschehen dürfen, reagiert die Gesellschaft immer so, daß es nicht hätte sein dürfen, bzw., daß es nicht stattgefunden hat. Als erstes nimmt sie ihr den Namen und beschreibt sie in den Kategorien des täglichen Lebens. Kategorien, die der Verliebtheit nicht gerecht werden. So zwingt sie die Verliebten, sich als etwas zu bezeichnen, was sie nicht sind. Wenn sie sich nicht den Termini der Institution einfügen können, wird ihnen erklärt, daß ihre Geschichte verrückt sei, ohne Sinn und verantwortungslos. Zuerst wird darüber gelacht. Ein erwachsener Mann, der sich in ein junges Mädchen verliebt, ist grotesk, lächerlich. Grotesk ist vor allem, daß er weint, nur

Kinder und Schwache weinen so, nicht Menschen, die einen klaren Status und einen Platz in der Gesellschaft haben. Um die verliebte Person bildet sich eine Barriere aus Augenzwinkern und Spötteleien. Sie macht etwas Unseriöses, sie hat ihre Ernsthaftigkeit verloren. Für die betroffene Person ist das tragisch, denn selbst von ihren besten Freunden wird sie der Frivolität und der Dummheit bezichtigt. »Sei doch nicht kindisch«, sagen die Freunde. Als infantiles Verhalten, als Regression, beurteilt es der Psychologe.

Es existiert noch eine andere Interpretation, die der ersten diametral entgegengesetzt ist. Nach dieser handelt es sich um reine Sexualität, angestaute Sexualität, um ein sexuelles Austoben. Verliebtheit wird auf Sexualität reduziert, weil Sexualität kein bestimmtes Objekt braucht; daher muß man sie nicht ernst nehmen. Wenn es dann klar wird, daß die Beziehung stark ist, sagt die Umgebung, daß die Verliebten ineinander etwas Vollkommenes sehen, die Fehlerlosigkeit, die totale Gewißheit, und sie halten es für eine Wahnidee. In Wirklichkeit ist der Zustand der Verliebtheit ein Zustand des Findens und des Verlierens. Der Geliebte ist beständig, aber auch wankend, genauso wie er einmalig und verschieden ist, ein sowohl empirisches wie ideales Wesen. Dann erklärt die Institution, daß sie sicher sei, daß die Liebe nicht erwidert werde. »Arme Illusionistin« kommentieren Freundinnen oder Mütter und Väter, »so wie er die andere verlassen hat, verläßt er auch dich.« Wenn die

Verliebtheit aber gegenseitig ist, steht schon eine andere Erklärung bereit: Sie seien aneinander gebunden, sich hörig, sie lebten in einer isolierten Welt, allein für sich, eingeschlossen in ihren Egoismus. Aber die Liebe ist ein freudiges Sich-Öffnen der Welt gegenüber, die schön und glücklich ist. Ein Sich-Öffnen den anderen gegenüber, die man als Freunde sieht. Nachdem die Umwelt das Paar als vereint beschrieben hat, dreht man die Geschichte um und bezeichnet sie auch als Pseudo-Verliebte, behauptet, alles sei eine Laune, eine Schwärmerei. Im Alltag versuchen die Leute immer, Ordnungsprinzipien zu verteidigen: Entweder du liebst jemanden immer oder du liebst ihn nie; entweder ist er der Einzige oder einer wie alle anderen; entweder sie sind immer vereint oder immer getrennt, usw. Auf diese Art definiert und gefragt, werden die Verliebten gezwungen, sich auf eine verrückte Art darzustellen. Die Angelegenheit wird im ethischen Bereich dramatisch. Die Verliebtheit ist ein Akt der Befreiung. Und diese Freiheit wird nicht nur in der Unabhängigkeit gelebt, sondern im Recht, nicht verantwortlich zu sein für die Konsequenzen der vergangenen eigenen und der von anderen getroffenen Entscheidungen. In Wirklichkeit ist im Entstehungszustand die Vergangenheit nicht total vergessen, sie ist nur vergessen, um überholt zu werden durch eine neue Synthese. Viele Dinge der Vergangenheit bekommen eine neue Wertigkeit. Zu diesem Punkt erklärt die institutionelle Kultur kategorisch: Eine Verpflichtung ist eine Verpflichtung, ein Vertrag ist ein Vertrag; ein Vertrag ist nicht zu brechen, nur um einer persönlichen Schwärmerei nachzugehen.

Tatsache ist, daß die Verliebtheit keine Schwärmerei ist, und die Entdeckung, daß die vergangenen Verträge aus zwei Elementen bestanden, nämlich einem, das man willentlich einging, und dem anderen, das nur aus Spontaneität bestand. »Liebst du diesen Mann und stehst du ihm im Guten und im Bösen bei?« fragt der Vertrag. Im Jasagen verpflichtet sich jeder, den anderen zu lieben und ihm beizustehen. Aber man kann sich nicht verpflichten, »verliebt zu sein und leidenschaftlich zu lieben«.

Die Verliebtheit zeigt die versteckte Seite des Vertrages und erklärt: Ich erfülle meine praktischen Pflichten, aber keiner kann mich zu Gefühlen verpflichten. Die Authentizität ist wichtiger als die Fiktion, ich kann nicht lügen. Bei Schließung des Vertrages habe ich mich nicht zum Lügen verpflichtet. Der Vertrag basiert auf unausgesprochenen Prinzipien zugunsten übergeordneter Werte, die jedem individuellen Verhalten einen bestimmten Wert beimessen. Dies kann sogar soweit gehen, daß der Verliebte bereit ist, mit dem Leben zu bezahlen. Unerbittlich eskalieren die aufeinanderprallenden gegensätzlichen Interessen bis hin zu diesem Punkt. Es gibt dann immer den Moment, wo der Verliebte bereit ist zu allem oder zu nichts, zum Leben oder zum Tod.

Wer bereit ist, sich zu verlieben, kommt aus einer geregelten Welt, einer Welt der Sicherheit, der vorgezeichneten Wege, der Abzweigungen. Sein Leben bewegt sich in vorgezeichneten Bahnen. Er reagiert, aber er weiß nicht mehr genau warum. Er hat keinen eigenen Willen. Er reagiert, weil es die anderen von ihm verlangen, weil es Regeln und Pflichten gibt. Er erfüllt diese Pflichten, aber es fällt ihm immer schwerer. Dann, durch eine Veränderung, merkt er, daß er sich selbst belügt, daß er die anderen belügt, daß sein Leben aus einer kontinuierlichen Verfälschung der Realität besteht. Die Institution verlangt, daß er so weitermacht, denn die Institution ist an genau berechenbarem Verhalten interessiert. Um es in theologischen Begriffen auszudrücken, zum Beispiel in einem Begriff der protestantischen Religion: Die Institution interessiert sich für Taten, nicht für Treue. Im Entstehungszustand dagegen haben einfache Taten, wenn sie nicht persönlich gewollt sind, keinen Wert. Sie sind Falschheit, Heuchelei.

Die Institution verlangt, wie gesagt, keine Intentionen, sondern Taten, Fakten, Dinge. Sie behandelt Gefühle und Werte wie Objekte. Wenn ich von Institutionen rede, meine ich diejenigen, die nicht im Entstehungszustand sind. Die Ehefrau, der Ehemann, der Verlobte oder der verlassene Geliebte bitten den anderen, bei ihm zu bleiben. Sie wissen genau, daß sie nicht fragen können »sei verliebt in mich, lieb mich leidenschaftlich«. Deswegen bitten sie »verlaß den anderen, bleib bei mir«. Sie wollen die physische Anwesenheit, sie wollen, daß der Partner nicht einem anderen gehört. Das, was er empfindet, Schmerz,

Verzweiflung, interessiert nicht. »Ich will dich lieber verzweifelt und die ganze Nacht weinend haben als dich zu verlieren.« In der Substanz interessieren weder die Gefühle des Partners noch sein Glück, er interessiert nur als Gegenstand. Es ist die Entfremdung, von der Marx spricht. Das ist das Gesicht, das die Institution dem Entstehungszustand zeigt. Ein furchtbares Gesicht, unmenschlich.

Aber die Institution ist einmal aus dem Entstehungszustand entstanden. Im folgenden sehen wir, wie die Liebe, der Vertrag, die Hochzeit der Verliebtheit entsprungen sind. An einem gewissen Punkt endet der Entstehungszustand, und sein Platz wird von der Institution eingenommen. An diesem Übergang erklärt die Institution, daß sie die Erfahrungen des Entstehungszustandes völlig verwirklichen werde. So ist zum Beispiel die Messe die Wiederholung des Opfers am Kreuz. Die Opferung, sagt der Katechismus, geschieht wieder und wieder, und zwar in aller Realität. Aber wer der Messe beiwohnt, muß diese Erfahrung nicht machen. Ein Mystiker erlebt es, ein Unaufmerksamer nicht, weil er an anderes denkt; ein Nichtgläubiger verfolgt die Messe wie ein mehr oder weniger seltsames und langweiliges Spektakel. Die Messe, die im religiösen Entstehungszustand, in dem sie geboren wurde, ein Wiederaufleben des Opfers am Kreuz bedeutet (und dazu auch wieder wird, wenn der Entstehungszustand sich reaktiviert), beinhaltet als Institution die Wiedergeburt des Menschen.

Alle Feierlichkeiten, alle Feste, alle Verträge, alle

Institutionen werden durch konkrete Menschen geschaffen. Aber Institutionen, die den Konsens des Menschen nicht mehr benötigen, brauchen auch keine Menschen mehr. Wenn die Institution nicht kontinuierlich durch den Entstehungszustand wiederholt wird, wird sie inhuman und reduziert den Menschen zu einer Sache.

Und genau in dieser Form begegnet ihr der Entstehungszustand. Der Entstehungszustand ist die Wahrheit – die Verliebtheit ist die Wahrheit der Liebe – sie wird entdeckt als reine Kraft. Und da die Institution im Entstehungszustand ihre Wahrheit nicht sieht, empfindet sie sie als Irrationalität, Verrücktheit und Skandal.

DREIZEHNTES KAPITEL

Wie wird Verliebtheit zu Liebe? Durch eine Anzahl von Bewährungsproben. Bewährungsproben, die wir uns selbst auferlegen, Bewährungsproben, die wir anderen stellen und solche, die uns von extremen Bedingungen unserer Umwelt auferlegt werden. Manche dieser Bewährungsproben sind entscheidend. Wenn sie gut ablaufen, geht die Verliebtheit in den täglichen Sicherheiten weiter – und wir nennen es Liebe. Wenn sie nicht weitergeht, tritt etwas anderes ein: der Verzicht, die Versteinerung, das Sich-Auflösen der Verliebtheit. Gleichgültig wie die Dinge laufen, diese Bewährungsproben werden im allgemeinen vergessen. Wenn Verliebtheit zu Liebe wird, tauchen sie im nachhinein auf, leicht, fast wie ein Spiel. Der Übergang zur Liebe geschieht, wenn sich Verliebtheit langsam durch das Alltägliche auffüllt, wenn die Leidenschaft langsam erlischt und übergeht in die pflegliche Behandlung des anderen. In der Realität ist diese Heiterkeit immer ein Produkt dramatischer Geschehnisse, deren Resultat bis zum letzten Moment nicht bekannt ist.

Aber die Bewährungsproben werden auch dann

vergessen, wenn die Verliebtheit nicht weiterwächst, wenn der eine oder der andere, oder alle beide die gestellten Proben nicht bewältigen. In diesem Fall erinnert man sich einfach gar nicht mehr, Bewährungsproben gestellt zu haben, sondern nur, daß der andere uns nicht ausreichend geliebt hat, uns überhaupt nicht liebte.

Wenn die Bewährungsproben überstanden sind, erinnern wir uns zurück und sehen die Kontinuität unserer Liebe, die wir leben. Wenn die Bewährungsproben nicht bestanden wurden, erinnern wir uns an andere Beziehungen, in denen wir diese Proben bestanden haben.

Die Verliebtheit ist ein Aufeinanderfolgen von Bewährungsproben. Vor allem von solchen, die wir uns selbst stellen: Es sind dies »Versuche, Wahrheit zu erkennen«. Eine typische Erfahrung der Verliebtheit ist das »Sich-Laben« am anderen. Verliebtsein heißt aber auch, sich der Liebe zu widersetzen, sich zu wehren, um nicht völlig in die Hände des anderen zu fallen. Das Maximum zu erreichen – und dann »ohne« auszukommen – das ist der Traum der Befriedigung. Bis zu einem gewissen Punkt gelingt es uns, uns vollkommen fallen zu lassen, aber nur, weil wir denken, es sei das letzte Mal. Auf diese Art stellen wir uns aber auf die Probe. Dann nach der Trennung bemerken wir, daß die Sehnsucht wiederkommt und wir weiter lieben, uns verzweifelt sehnen und wieder »ein letztes Mal« brauchen. Das »letzte Mal« wird so ein neuer Anfang und zur Notwendigkeit eines neuen Anfangs. Jedesmal »verlieben wir uns von neuem«, und die geliebte Person kommt uns wie die Personifizierung des Eros vor. Es ist ein Kampf gegen uns selbst, den wir verlieren und in dem wir uns ergeben müssen.

Die Tatsache, daß wir uns ergeben müssen, bedeutet aber, daß ein Kampf stattfindet – und daß es ein wirklicher Kampf ist. Das Sich-Trennen, das ja etwas ganz Reales ist, hat auch für die geliebte Person eine reale Bedeutung, da diese fühlt, daß wir uns trennen wollen. Und da auch sie ihre Bewährungsproben hat, können die beiden Momente der Trennung aufeinandertreffen. Darauf folgen lange Perioden der Trennung, in denen wir viele Aufgaben erfüllen können, die aber für den anderen Anlaß zur Eifersucht geben oder als Beweis für zu wenig Liebe aufgefaßt werden. Um uns zu trennen, suchen wir Gründe. Im Verhalten des anderen suchen wir Gründe für unser Verhalten: Anzeichen dafür, daß wir nicht wirklich geliebt werden; Zeichen dafür, daß wir nicht so geliebt werden, wie wir lieben; Beweise, um nicht glauben zu müssen, daß wir auch in Zukunft geliebt werden.

Der Sinn all dieser Dinge ist, daß wir Angst haben, den anderen ohne jegliche Garantie, daß auch er uns eigentlich verlassen will, zu verlassen. Die Tatsache, daß die Liebe des anderen wie eine »Gnade« erscheint, die unverdient ist, heißt, daß sie uns auch genau in dem Moment verlassen kann, in dem wir sie am meisten herbeisehnen und ohne sie nicht leben können. Wir wollen ohne diese »Gnade« leben, oder sie in Sicherheit verwandeln: in die Sicherheit der Wechselseitigkeit. In den Augen des anderen suchen wir die Bestätigung, daß er uns liebt. Wir prüfen ihn auf die Zeichen seiner Liebe: »Braucht er mich so, wie ich ihn?« Das Verhalten des anderen wird in einer ganz bestimmten Art dechiffriert, wir wollen sehen, was ist und was sein wird. Bevor Margueriten gezupft werden: »Er liebt mich, er liebt mich nicht ...« wird im Verhalten des anderen geforscht: »Wenn er es so macht, heißt das ...«. Bei ganz einfachen Dingen, wie zum Beispiel ob er früher oder zu spät zu einer Verabredung kommt, oder wie er andere Menschen ansieht. Aber die Bedeutung ist nie ganz klar. Er kann keuchend zu spät kommen. Was bedeutet das? Hat er mich vergessen, oder hatte er alle Mühe, zu mir zu kommen, so daß seine Verspätung ein Liebesbeweis wäre? Aber andererseits, auch wenn der Beweis negativ ist, reicht eine Erklärung, ein Blick, eine Zärtlichkeit aus, um zu vergessen, um sich sicher zu fühlen.

Ehrlichkeit ist bewiesene Ehrlichkeit! All diese Wahrheitsbeweise werden nicht von uns erfunden, um ein bestimmtes Verhalten beim anderen zu erlangen: Es sind Aufgaben, die wir uns selbst stellen, um zu wissen, ob wir wirklich lieben, um die Wahrheit zu erfahren. Aber es gibt noch eine andere Art von Prüfungen. Es sind dies die Fragen, die ausschließlich an den anderen gerichtet sind, in denen wir ihn bitten, sich zu ändern, Dinge zu tun, die er von sich aus nie getan hätte. Dies sind die Aufgaben der Gegenseitigkeit. In der Verliebtheit reorganisieren wir alles um die geliebte Person. Unsere früheren Bindungen, unsere Arbeit, unser ganzes Leben. Zusammen Dinge zu wollen, die zuvor jeder für sich wollte, bedeutet sich zu verändern, sich von Dingen zu trennen, die wir zuvor wollten, die uns wichtig waren.

Was in die neue Liebe integriert oder auch von ihr verworfen wird, ist à priori nicht festgelegt. Es ist das Produkt einer fortlaufenden gegenseitigen Entdekkung. Jeder will in seiner Liebe ein Projekt ausarbeiten, das nicht mit dem des anderen übereinstimmt. Jeder möchte vom anderen sein Projekt anerkannt bekommen. »Liebst du mich?« kann auch heißen: »Akzeptierst du, auf diese Art in mein Projekt einzusteigen?« Der andere fragt: »Liebst du mich?«, meint aber: »Möchtest du nicht lieber in meines einsteigen?« »Ich liebe dich« bedeutet: »Ich modifiziere mein Projekt, ich komme auf deine Seite, ich akzeptiere eine deiner Nachfragen, ich verzichte auf etwas, weil du es so willst.« Gleichzeitig frage ich dich: »Liebst du mich?« Und damit frage ich: »Was änderst du? Auf was verzichtest du?« Das »Liebst du mich?« ist also immer die Frage nach etwas, was ich will, und die Frage, ob der andere auf etwas verzichtet, was er wollte. Das »Liebst du mich?« ist die Bitte, mich mit meiner ganzen Konkretheit und mit meinen Grenzen anzunehmen und auf die eigenen Grenzen zu verzichten. Das Konzept, das jeder für sich macht, bezieht den anderen mit ein: Es ist ein Lebenskonzept auch für den anderen. Es ist der Vorschlag, was man gemeinsam wollen sollte. Aber es gibt Dinge, die man nicht mehr gemeinsam will, Unvereinbarkeiten. Auf manche kann man mit Leichtigkeit verzichten, andere können verdrängt werden, wieder andere sind lebenswichtig. Die Suche nach dem, was von beiden gewollt wird, beinhaltet zwangsläufig ein fortgesetztes Überarbeiten der Projekte, eine dauernde Suche nach anderen Möglichkeiten. Aber auch eine andauernde Suche nach Punkten, auf die man nicht verzichten kann, und wenn jene nicht realisiert werden, verliert auch die Liebe ihren Sinn: Es sind die Punkte ohne Wiederkehr. In den immer wieder aufgenommenen Projekten zeigen sich diese lebenswichtigen Punkte wie unauflösbare Knoten, die vom anderen akzeptiert und in seine Projekte miteinbezogen werden müssen. Andernfalls gibt es keinen realistischen Platz für mich mit all meiner Vielfalt. Er behauptet, mich zu lieben. In Wirklichkeit gibt es für mein reales Ich keinen Platz in seiner imaginären Welt. Ein wichtiger Teil von mir bittet darum, anerkannt und akzeptiert zu werden. Er dagegen enttäuscht, er will, daß ich verzichte, er will, daß ich mich ihm unterwerfe, mich selbst verliere, im tiefsten Sinn meines neuen Ichs.

Zum Beispiel sagt er mir, daß er mich liebt, aber er nimmt mich nicht mit in sein Leben. Er hält mich von seiner Arbeit entfernt; wenn er reist, reist er nicht mit mir, er macht aus mir die Geliebte, der man ab und zu begegnet; die unauffällige Geliebte, die im Schatten lebt. Er bleibt er selbst, er hält seine Beziehungen aufrecht, er behält alles bei. Ich soll nur sein geheimnisvolles Refugium sein, ich muß mein Leben dahin reduzieren, daß ich warte bis er kommt. Und er kommt wann er will, nicht wann ich will, jederzeit entschuldbar durch von ihm aufgestellte Regeln. Nein, das ist nicht annehmbar, das bedeutet für mich nicht leben. Eine andere Frau kann das vielleicht ertragen, in der Vergangenheit wäre es auch für mich erträglich gewesen, aber jetzt nicht mehr. Jetzt möchte ich ein ausgefülltes Leben. Ich frage ihn verschiedene Dinge: »Kann ich mit dir kommen?« Meine Frage ist eine Bewährungsprobe. Wenn er Nein sagt, heißt das, daß er mich dorthin schiebt, wo ich nicht existieren kann. Auf der anderen Seite ist für ihn das Problem genau umgekehrt. Das System, in das er eingefügt ist, ist auf einem hauchdünnen Gleichgewicht aufgebaut, ein heftiger Schlag dagegen, und es kann explodieren. Er braucht Zeit, um langsam die Dinge neu zu organisieren, die Arbeit zu wechseln, um finanziell einige Personen zu versorgen, und sich auf eine neue Art um die Kinder zu kümmern. In der neuen Liebe findet er die Kraft, um wieder eine Existenz aufzubauen: Sie ist ein Refugium, von wo aus er gestärkt und sicher nach außen gehen kann. Dank dieser Liebe findet er die Kraft, sich selbst und die Gegebenheiten zu verändern. Tatsächlich hat er bereits eine neue Arbeit begonnen, hat die Stadt und die Gewohnheiten gewechselt, beginnt, sich seiner Umwelt zu erklären; Schritt um Schritt wird er bereiter und freier, aber um es zu sein, braucht er Sicherheit, braucht er Liebe. Aber es wird etwas anderes von ihm erwartet. Eine entschlossene Tat wird verlangt, ein totales Brechen mit der Vergangenheit, ein Sich-Stürzen in das Neue, auf die Gefahr hin, daß er alles, was er liebt, verliert, obwohl er bereit ist, genau dies in sein neues Lebenszentrum, in seine neue Liebe, einzubauen. Aber wenn er alles verliert, bleibt auch das Zentrum leer. Er wird nur ein verletztes Ich, bestehend aus Sehnsucht und schlechtem Gewissen einbringen. Er besteht aus allem, was er ist, und er kann nicht alle Dinge verlassen, ohne sich selbst zu verlieren.

Jeder ist diesem Punkt ohne Wiederkehr schon begegnet: Jeder hat einen anderen Menschen schon gebeten, auf etwas für jenen existentiell Wichtiges zu verzichten. Im Grunde wird der andere gebeten, seine ureigene Humanität zu zerstören, unmenschlich zu werden. Im Alten Testament zwingt Gott Abraham, unmenschlich zu werden. Er soll töten, was er am meisten liebt, seinen erstgeborenen Sohn, Isaak. Es ist die tragische Wahl zwischen zwei Dingen, bei denen eine Wahl unmöglich ist, da jede die Unmenschlichkeit verlangt. Der Übergang von Verliebtheit zur Liebe verlangt immer, jemanden zu lieben, der einen zwingt, ein Krimineller zu werden. Lieben heißt, Vertrauen in jemanden zu haben, der sich so verhält, daß es objektiv gesehen absurd ist, ihn zu lieben. Der Übergang von Verliebtheit zur Liebe verlangt, daß jeder die Bewährungsprobe besteht, geliebt zu werden, auch wenn er unmenschlich ist. Die gegenseitige Bewährungsprobe ist ein Kampf, in dem jeder vom anderen bedingungslose Ergebenheit, den Verlust seiner faßbaren Humanität verlangt. Es ist ein Kampf zwischen Menschen, die sich lieben, aber es ist immer ein Kampf »bis aufs Messer«. Das Bild, das man sich von der Liebe macht, und das man in seinem Innersten bewahrt, darf nicht durch Betrug zerstört werden. Wer die Bewährungsproben durchlebt, widersetzt sich verzweifelt den Betrügereien. Wer die Probe besteht, besteht sie wirklich und beschließt in seinem Herzen, daß er den anderen nicht mehr lieben wird, wenn dieser sie nicht besteht. Jeder möchte geliebt werden, auch wenn er grausam erscheint und Nein sagt, jeder möchte geliebt werden, auch wenn er fürchterliche Bedingungen stellt, um Ja sagen zu können.

Die Bewährungsprobe ist immer gegenseitig. In dem biblischen Bild stellt Gott Abraham auf die Probe, aber gleichzeitig erprobt Abraham auch Gott: Was wäre Gott geschehen, wenn Abraham tatsächlich seinen Sohn ermordet hätte? Er wäre nicht mehr der Gott der Liebe, sondern ein grausamer, blutrünstiger Gott. Auch Moses wird von Gott auf die Probe gestellt, als dieser ihm befiehlt, durchs Rote Meer zu gehen. Aber auch dieser Moment war eine Probe für Gott, denn er konnte nicht sagen »Geh«, um dann sein Volk in den Fluten ertrinken zu lassen. Ein Gott, der so handelte, wäre ein Betrüger und ein Dämon. Der Schlüssel zur Lösung ist, daß das, nach was an diesem Punkt ohne Wiederkehr gefragt wird, im Ende nicht verlangt wird. Es ist ein unterschriebener Scheck, der nicht einlösbar ist. Abraham ist bereit, seinen Sohn umzubringen, aber Gott verlangt dieses Opfer nicht. Beide haben die Probe bestanden. Beide traten ihren Beweis an, beide leisteten einen existentiellen Verzicht, beide erfuhren und erkannten eine unüberwindbare Grenze . Liebe wird nur dann möglich, wenn diese Grenzen des anderen wie auch die eigenen Grenzen anerkannt und zugestanden werden. Wenn das geschieht, haben die beiden Liebenden ein Bündnis geschlossen. Jeder weiß vom andern, daß er ihn um nichts bitten wird, um was er ihn nicht bitten darf. Diese Sicherheit, in der Verzweiflung gefunden, ist der Punkt, an dem beide ihr Vertrauen festmachen; es ist eine Instituierung von Wechselseitigkeit. Ich weiß, daß ich liebe, ich darf aber nicht so lieben, wie ich fühle, ich weiß, daß ich Grenzen gesetzt bekomme, die nicht gesetzt werden sollten, die ich aber akzeptiere. So fängt die Liebe an, sich innerhalb einer Institution zu entwickeln, innerhalb eines Bündnisses. Die Institution beginnt an dem Punkt, an dem wir anerkennen, daß nicht alles möglich ist, obwohl es das Unmögliche gibt.

Der hier beschriebene Prozeß geschieht nicht nur einmal, sondern viele Male; jedesmal geht er aus von der Verzweiflung und endet in einem Bündnis. Die neu erworbenen Sicherheiten werden dann zum Ausgangspunkt, die alltägliche Existenz wieder aufzubauen. Es gibt keine Regeln, nach denen aus Verliebtheit Liebe wird. Es gibt keine Regeln, nach denen man verfahren muß, um das Dilemma zu lösen. Die verschiedenen Stufen des Lebens können so verschieden sein, daß keine Kompromisse möglich sind. Aber je größer die Unterschiede zwischen den Liebenden sind, um so mitreißender ist die Verliebtheit, um so sicherer lieben sich die beiden.

Die intensivste Verliebtheit ist diejenige, die Existenz, Reichtum, Verantwortung und Leben aufs Spiel setzt. Verliebt sein ist eine Revolution: Je komplexer die Ordnung ist, je starrer und organisierter, um so schlimmer ist die Auflehnung, um so schwieriger, gefährlicher und risikoreicher ist der Prozeß. Oft verlieben sich zwei Personen, von denen die eine reich ist, die andere große Veränderungsmöglichkeiten mitbringt, weil sie weniger gebunden ist. Ähnlich ist es bei einer verheirateten und einer unverheirateten Person, einem Erwachsenen und einem Jugendlichen, einem (politisch oder religiös) gebundenen und einem nicht gebundenen Menschen. Je mehr Fesseln, Aufgaben, Dinge jemand zu integrieren oder zu wechseln hat, desto aufwühlender ist für ihn die Verliebtheit. Aber der andere liebt ihn genau dieser Komplexität wegen. Allerdings macht es diese Aufgewühltheit schwierig, daß sich die Verliebtheit in eine stabile Liebe verwandelt, in ein freundliches und dauerhaftes Zusammenleben. Es ist leichter, sich zu lieben, wenn beide Personen sich in einer ausgeglichenen Situation treffen, jeder mit wenigen Fesseln (wie zum Beispiel Jugendliche und Heranwachsende), oder wenn sie bereits viele Fesseln gesprengt haben. Aber paradoxerweise ist in diesem Fall die Verliebtheit weniger intensiv, denn ihre revolutionäre Aufgabe ist kleiner. Manchmal muß sie eigentlich nichts revolutionieren. Auch dies ist etwas, was wir bei den großen Kollektivbewegungen finden. Es gibt Kollektivbewegungen, die tief in ein Sozialsystem eingreifen, die schlimme Kriege in ihrem Gefolge haben, ohne eine neue stabilere Macht hervorzubringen. Es gibt hingegen Bewegungen, die in kurzer Zeit mit der Machtübernahme enden. Die Reformation war eine tiefe Bewegung, in die ganz Europa verwickelt war, aber es wurden weder die Bastille noch der Eispalast eingenommen. Die Verliebtheit kann die Existenz einer oder zweier Personen zutiefst aufrütteln, ohne Liebe zu erzeugen.

Dagegen kann Liebe ohne eine verwirrende Verliebtheit entstehen, aus einer freundlichen Begegnung, aus dem Sich-miteinander-Wohlfühlen, aus der Möglichkeit, ohne Probleme etwas Gemeinsames aufzubauen und ein Bündnis zu schließen. Die Verliebtheit ist wie jeder Entstehungszustand eine Entdeckung des Möglichen, ausgehend vom Unmöglichen, sie ist ein Versuch, neue Vorstellungen über die eigene Existenz zu entwickeln. Je größer die Aufgabe ist, je länger die Reise, um so ungewisser ist die Ankunft. Die Geschichte der Verliebtheit ist allein die Geschichte jener Reise und ihrer Mißgeschicke, der ausgestandenen Kämpfe, ohne daß der Erfolg garantiert oder ein sicherer Hafen jemals in Sicht wäre.

VIERZEHNTES KAPITEL

Im allgemeinen ist man, wenn man verliebt ist, nicht eifersüchtig. Was bedeutet es also, wenn Eifersucht auftritt? In der Verliebtheit entdecken wir etwas, was uns mehr wert ist als alles andere; wir entdecken, daß wir jemanden lieben, den wir seiner Individualität, seiner Einzigartigkeit wegen begehren. Sich verbunden zu fühlen heißt dem anderen mitzuteilen, daß das, was wir sind, einen Wert hat. Auch der andere ist für uns, auch wenn wir ihn nicht genau beurteilen können, wertvoll, weil wir ihn lieben, und dieser Wert ist unanfechtbar und unbegrenzt. Niemand von uns denkt, daß er der Schönste und Intelligenteste auf der Welt sei. Keine unserer Fähigkeiten gibt uns, wenn wir sie mit den Fähigkeiten anderer Menschen messen, das Recht, uns für etwas Besonderes zu halten. Messen wir uns an dem, was es im Lauf der Zeiten an menschlichen Begabungen überhaupt gab, müssen wir uns sogar ärmlich vorkommen. Und trotzdem mögen wir uns selbst, wir achten uns, weil wir im Innersten fühlen, daß in uns ein Wert liegt, eine unverwechselbare Einzigartigkeit. In der Verliebtheit wird diese Einzigartigkeit anerkannt.

Indem der Geliebte uns liebt, liebt er genau dies. Auch wenn er uns bittet, daß wir uns ändern, anerkennt er die Einzigartigkeit, und die Veränderung, um die es geht, ist nur eine Steigerung dieser Einzigartigkeit, ein Aufblühen. So wie wir bei der Geliebten etwas finden, wie zum Beispiel die Form des Mundes, den Geruch, das benutzte Parfüm, die Form der Brüste, die Kurve der Schenkel, die Hände, die Art zu schauen, ein bestimmtes Kleidungsstück, die Dinge, die ihr gefallen, die Bücher, die sie liest – genauso findet sie Züge an uns, die alles verschönern.

Und das macht uns glücklich. Was der Geliebte auch schätzt: zu reisen oder zu Hause zu bleiben, etwas schweigend zu betrachten oder darüber zu reden, wir versuchen es mit ihm zu genießen, es mit ihm zu teilen.

Die Eifersucht ist eine Unterbrechung dieses Prozesses, seine Umkehrung nach außen. Eifersüchtig wird derjenige, der feststellt – ob nun zu Recht oder zu Unrecht zählt im Augenblick nicht –, daß die von ihm geliebte Person in einer anderen etwas findet, was sie auch bei einem selbst gefunden hatte: etwas Besonderes, vielleicht eine Geste, eine Fertigkeit oder eine Qualität. Jemand anderes belustigt den Geliebten, macht ihn fröhlich, diese andere Person ist schön, sie ist jung, oder sie ist intelligent. Die Eifersucht begegnet uns wie eine Entdeckung, daß die von uns geliebte Person von etwas angezogen wird, was wir nicht haben aber ein anderer hat. Man ist nie eifersüchtig auf eine Sache, ein Tier oder einen Beruf, nur auf eine andere Person. Auf eine andere Person, die in unseren Augen eine unwiderstehliche Anziehungskraft auf den von uns geliebten Menschen ausübt. So unwiderstehlich wie die, die er auf uns ausübt und die, wenn er uns wirklich lieben würde, wir auf ihn ausüben würden. Eifersucht heißt, daß wir entdecken, daß der Geliebte, um seine Wünsche zu befriedigen, etwas braucht, was andere haben – wir nicht: daß eine andere Person über etwas verfügt, was für ihn wertvoll ist. Wenn wir eifersüchtig sind, haben wir einen klaren Blick für die Schwächen der geliebten Person. Schwächen gegenüber Dingen, die keinen Wert für sie haben dürften, es aber doch haben. Zum Beispiel liebt sie Autos und ist fasziniert von Rennfahrern. Ich bin kein Rennfahrer und im System unserer Verliebtheit bedeutet es nichts, Rennfahrer zu sein (es kann ja auch keinen Wert haben, denn ich bin es ja nicht), und doch ist die Beziehung plötzlich an diesem Punkt gestört. Die Neigung der geliebten Person hin zu etwas, was ich nicht habe, zu etwas, was also keinen Wert haben dürfte, nimmt mir meinen Wert, es annulliert alles, was ich bin. Die Verliebtheit wird überflutet von etwas Äußerlichem, von einer äußeren Kraft, die das innere Wertsystem annulliert. Damit wird aber auch die beidseitige Verliebtheit aufgehoben. Bleibt das geschlossene System beidseitiger Verliebtheit intakt, ist der Eifersucht der Boden entzogen, denn dann kann von außen nichts kommen, was so anziehend wirkt, daß es den Kreis sprengt. Die Außenwelt ist in diesem Falle dann unwesentlich und das Unwesentliche kann das Reale ja nicht überwiegen, das Vorübergehende nicht auf das Wesentliche einwirken.

Natürlich können eifersüchtige Zweifel aufkommen, sie sind wie ein Riß, der sich dann in Momenten der Trennung vertieft, Zweifel, die wir zu unserer Rechtfertigung benutzen, wenn wir uns trennen wollen. »Es hat keinen Zweck es zu versuchen, er will etwas anderes, ich habe ihm nichts zu geben.« Aber diese Zweifel werden schnell durch die wechselseitige Anerkennung wieder aufgehoben. Im Entstehungszustand gibt es nichts von außen, nur den Geliebten und die Geliebte. In der gegenseitigen Liebe sind die Interessen des Geliebten, wie er den Dingen gegenübertritt, seine Freundlichkeit anderen Menschen gegenüber, sein Erfolg, Qualitäten, die ihn liebenswert machen, Bestätigungen seines Wertes und also auch seiner Ehrlichkeit, seiner Durchschaubarkeit, seines »Ichs«, so wie es ist.

Nur wenn die Aktivitäten, die Begegnungen mit anderen Personen, zu den gemeinsamen Lebensvorstellungen in Gegensatz geraten und sich die Verschiedenheit der Pläne zeigt, erhält dies alles eine negative Bedeutung. Aber auch in diesem Fall muß nicht zwangsläufig Eifersucht entstehen. Wir werden traurig, weil unsere Fragen enttäuschende Antworten erhalten, weil die Zukunft uns undurchführbar erscheint, weil wir uns zu einer Veränderung entschließen müssen. Aber hier sind wir im Bereich der Bewährungsproben, über die wir zuvor sprachen, nicht bei der Eifersucht.

Wenn innerhalb der Verliebtheit Eifersucht auftritt, bedeutet das, daß einer der beiden sich nicht verlieben will oder nicht verliebt ist. Wenn die Eifersucht unbegründet ist – weil der andere uns wirklich liebt –, dann heißt das, daß wir Angst haben, nicht lieben wollen, nicht glauben wollen, uns dem Vertrauen des Entstehungszustandes gegenüber nicht öffnen wollen. In diesem Fall findet der Geliebte in Wirklichkeit nichts Unwiderstehliches in den anderen; sie haben keine Macht über ihn. Wir aber spüren eine Macht, weil wir kein Vertrauen in uns selbst haben, weil wir nicht an den Wert unserer Individualität glauben. Wir, nicht der andere, ziehen Vergleiche mit der Welt, wir, nicht der Geliebte, akzeptieren als wichtigstes Kriterium all das, was keinen Wert hat und nebensächlich ist. Es gibt Menschen, die so unsicher sind, so schmerzlich vom Leben abgeschnitten, daß sie nicht glauben können, daß sie als Individuum etwas gelten.

Sie machen außergewöhnliche Erfahrungen im Entstehungszustand, aber sie glauben nicht, daß sie solche Erfahrungen machen können. Nur andere Menschen besitzen in ihren Augen Charisma. In der Eifersucht anerkennen sie das bei den anderen, was sie bei sich selbst nicht anerkennen können. Es gibt allerdings auch den Fall der einseitigen Verliebtheit, wenn der eine wirklich liebt und der andere nicht. Derjenige, der nicht liebt, kann sich vom anderen angezogen fühlen, von etwas, was der andere hat, was derjenige, der liebt, nicht hat.

Aber auch in diesem Fall ist die liebende Person am Anfang nicht eifersüchtig. Da sie sich im Entstehungszustand befindet, kann sie nicht verstehen, daß ein anderer etwas hat, was in den Augen des Geliebten wertvoll sein könnte: Die Welt bleibt für einen wirklich Verliebten unwesentlich. Er fühlt, daß die geliebte Person von etwas Wertlosem angezogen ist, daß sie sich etwas Wertloses wünscht. Aber eben weil es keinen Wert hat, beschäftigt er sich auch nicht sehr damit, er versucht es vor sich herzuschieben, bis zu dem Moment, an dem sich ihm das einzige für ihn zählende Problem stellt: Ich liebe ihn, liebt er mich auch? Wenn diese Dinge außerhalb des Verhältnisses für ihn wichtig sind, wenn ein anderer Mensch für ihn unentbehrlich ist, wenn er ihn mir vorzieht, dann heißt das, daß er mich nicht liebt. Er fühlt Zuneigung, Zärtlichkeit, ihm gefällt meine Gesellschaft, mein Körper, meine Intelligenz, aber er liebt mich nicht. Die Kraft des Entstehungszustandes ist noch voll da; der Liebende zweifelt nicht an der Qualität der eigenen Liebe und somit auch nicht an sich selbst; er zweifelt an der Liebe des anderen und muß wählen, ob er ohne Hoffnung weiterlieben will, oder er muß versuchen, nicht mehr zu lieben: sich zu trennen, obwohl man noch liebt und dann die schreckliche Zeit zu überstehen, wenn das Objekt der Liebe verloren ist. Dies ist ein psychischer Selbstmord. Zuerst wird der Liebende versuchen zu kämpfen, er wird versuchen, den anderen zu faszinieren, er wird das Verhältnis mit aller Entschiedenheit pflegen, er versucht sich völlig zu ändern, aber wenn er verstanden hat, daß der andere ihn nicht liebt, bleibt ihm nichts anderes übrig, als das Schwert der Trennung zu ziehen. Die Kraft, die übrigbleibt, wird er benutzen, um sich die Hände abzuhacken, die sich nach dem Geliebten ausstrecken, um die Augen zu schließen, die ihn überall suchen. Ganz langsam wird der Liebende versuchen, den Geliebten zu entidealisieren, er muß Gründe finden, um ihn nicht mehr zu lieben, muß alles mit Haß belegen, was gewesen ist.

Der Haß ist der Versuch, das Vergangene zu zerstören, aber es ist ein impotenter Haß. Das Vergangene ist ein »es war einmal« geworden und somit nicht mehr dem Willen unterworfen. Wenn wir die Trennung gewählt haben, hören die außergewöhnlichen Kräfte des Entstehungszustandes sofort auf zu wirken. Sie hatten die Aufgabe, die Basis aller früheren Werte, aller früheren Hoffnungen zu zerstören. Jetzt erlischt jeder Wunsch, und das Ich, das die ontologische Dimension verloren hat, wird in eine Welt der alltäglichen Realitäten zurückgestoßen. Nichts hat mehr einen Wert, nichts einen Sinn. Um zu agieren, können nur noch die Gesten der anderen kopiert werden, alltägliche Gesten, die nichts anderes bedeuten als das, was man sieht, das immer Gleiche wird wiederholt, Gefühle gefühlt, die man einmal fühlte, Worte gesagt, die vom Inhalt abgetrennt sind: Es ist die Versteinerung. Das einzige wirklich echte, tiefe und schmerzliche Gefühl ist die Sehnsucht, die Sehnsucht nach einer verlorenen Wirklichkeit. Um sich gegen diese Sehnsucht zu wehren, muß man mit der Vergangenheit kämpfen und in sich das Gefühl des Hasses nähren. Man hat das Gute kennengelernt, das Ich, das Ja sagte; so kann das Böse nur »nicht sein« bedeuten. Jetzt muß dieses »Sein« aufgebaut werden, das Sein, das Nein sagt, das Böse, das Negative und alles, was es beinhaltet. Aber nun stehen wir vor einem der interessantesten Probleme. Ein Mensch, der in einen anderen verliebt ist, leidet, wenn dieser ihm sagt, daß er sich in einen anderen verliebt hat, jemand anderen mag oder vorzieht. Aber es ist auch so, daß der Liebende die neue Liebe des Geliebten, also den neuen Entstehungszustand versteht, auch wenn das Objekt der Liebe ein anderes ist. Der Liebende kann sich im anderen wiedererkennen, auch wenn dieser ihn verläßt. Im Innersten anerkennt er die neue Liebe, und er respektiert sie, auch wenn dies sehr schmerzhaft ist. Die eigene Verliebtheit bringt es mit sich, daß man den anderen versteht und Sympathie für ihn empfindet. Man wünscht dem Geliebten Glück. Daß man ihn verliert, hat etwas Schicksalhaftes an sich. Willensmäßig ist es nicht mehr zu beeinflussen – dies zumindest weiß man.

Es folgt die Phase, in der der Liebende daran denkt, sich umzubringen, um sich selbst und den geliebten Menschen von einer untragbaren Last zu befreien. Wenn er Freunde hat, beschließt er vielleicht, für die Menschen zu leben, die er mag. Da es unmöglich geworden ist, ein neues Leben zu beginnen, etwas für sich selbst zu bekommen, versucht der Liebende, etwas von dem Leben zurückzugeben, was er von anderen bekommen hat. Er ist in diesem Moment noch von der außergewöhnlichen Energie des Entstehungszustandes getragen. Einer Energie, der, obwohl sie die Angst nicht überwinden kann, eine ungeheure Kraft innewohnt. Er möchte das Glück des Geliebten, und er zieht sich zurück, um ihn zu verlassen; er möchte das Glück desjenigen, den er liebt, und er gibt sich ihm hin. Die außergewöhnliche Kraft des Entstehungszustandes erlaubt ihm die letzte heroische Tat: Jemandem anderen die Wurzeln des eigenen Lebens und der eigenen Hoffnung zu schenken. Dann erlischt diese Energie und die Versteinerung tritt ein.

Betrachten wir jedoch den anderen Fall, den, in dem die geliebte Person plötzlich erklärt: »Bevor ich mit *dir* schlafe, schlafe ich mit dem ersten besten.« Hier wird ein Mensch in seinem Innersten getroffen, in seiner Liebe, in seinem Wertgefühl. Die Seele wird überflutet von Traurigkeit, da alles, was Wert hatte, negiert, und alles, was keinen Wert haben sollte, verherrlicht wird. Die beiden Welten, die der Wirklichkeit und die des Scheins, stehen sich gegenüber, der Geliebte hat die des Scheins gewählt und verachtet und beschimpft uns. Das, was heilig war, kehrt sich gegen das, was jetzt heilig ist, es wird zum infamsten Sakrileg. Schlimmer kann Liebe nicht enden. Nach der schmerzlichen Phase des Hasses und der Versteinerung gibt es keine Sehnsucht mehr nach der Person des Geliebten, sondern nur noch nach dem Zustand der Liebe: Er ist etwas, das von jemand beschmutzt wurde und für immer unwürdig bleibt.

Wir werden eifersüchtig, wenn wir das Gefühl haben, dem Geliebten nicht geben zu können, was ein anderer ihm geben könnte, wenn wir das Gefühl haben, daß die Distanz zwischen uns groß, wenn unsere Welten und Gewohnheiten sehr verschieden sind. Es gibt jedoch Fälle, in denen Eifersucht auftritt, weil die Verliebtheit selbst Grenzen hat, die keiner der beiden aufheben kann. Ein Beispiel ist die Verliebtheit zwischen Homosexuellen. Homosexuelle Verliebtheit unterscheidet sich in nichts von heterosexueller Verliebtheit. Der Entstehungszustand gehorcht den gleichen Gesetzen. Lesen wir ein Liebesgedicht, können wir nicht wissen, ob es sich um homosexuelle oder heterosexuelle Liebe handelt, denn die Natur der Verliebtheit ist die gleiche. Das berühmte Buch von Roland Barthes, selbst ein Homosexueller, nimmt seine Beispiele und seine Sprache aus der Weltliteratur der Liebe und spricht jeden Verliebten an. In der homosexuellen Verliebtheit gibt es jedoch etwas, was den Übergang zur Institution, also zur Liebe, schwermacht. Das ist zum einen der Widerstand der Gesellschaft, der Kultur, die Ablehnung der Homosexualität. Die heterosexuelle Verliebtheit ist etwas Anerkanntes. Die Gesellschaft schreibt, um die Institution der traditionellen Liebe abzusichern, gewisse Verhaltensweisen vor. Zum Beispiel die Verlobung. Da der homosexuellen Verbindung diese Verhaltensweisen versagt sind, ist sie härter der Verachtung ausgesetzt, und sie wird ausschließlich auf eine rein animalische Sexualität reduziert. Der gesellschaftliche Druck ist so stark, daß die Homosexuellen selbst eine Scheu haben, von Verliebtheit zu sprechen. Um sich zu verteidigen, benutzen sie die Sprache der Vulgarität. Aber der tiefere Grund, weshalb die homosexuelle Verliebtheit so schwierig ist, liegt in nicht wenigen Fällen an der Eifersucht. Ein homosexuelles Paar kann seine Liebe nicht durch ein Kind stabilisieren. Es ist eine Verliebtheit, die von vornherein ausschließt, sich durch ein Kind fortzusetzen. Jeder der beiden Verliebten kann mit einer Person des anderen Geschlechts ein Kind haben. Im Grunde fühlt jeder Homosexuelle immer diese Gefahr, diese Eifersucht. Die Homosexualität, vor allem die der Jugendlichen, ist oft nur eine vorübergehende Erfahrung. Der Homosexuelle, der einen bestimmten Jungen liebt, fühlt, daß sich der Geliebte eines Tages eine Person des anderen Geschlechts wünscht, vor allem, weil er ein Kind möchte, was er selbst ihm nicht geben kann.

Der Druck der Gesellschaft, das berechtigte Gefühl, immer gefährdet zu sein, auch vom anderen Geschlecht, die Tatsache, kein Kind bekommen zu können, bringt es mit sich, daß die homosexuelle Verliebtheit in den meisten Fällen eine Verliebtheit bleibt. Eine Verliebtheit, der es nicht gelingt, sich zu einer fröhlichen und haltbaren Liebe zu wandeln. Sie enthält dann viel Angst und viel Trauer, und inspiriert die Dichter zu wunderschönen Gedichten – wenigstens in manchen Fällen.

FÜNFZEHNTES KAPITEL

Viele Menschen glauben, daß sie verliebt seien, obwohl sie es überhaupt nicht sind. Sie haben ein starkes erotisches Interesse an jemandem, sie denken immerzu an diesen Menschen, sie verbringen glückliche Stunden mit ihm, aber nach einer gewissen Zeit verlieren sie jegliches Interesse, da sie im Grunde befriedigt sind. Sie können sich aber auch an einer Person festhalten und sie intensivst begehren, weil andere diese Person bewundern. Die Möglichkeit, geliebt zu werden, vorgezogen zu werden, lockt sie, versetzt sie in einen Rausch und läßt sie eine Sehnsucht fühlen, die sie Liebe nennen. In anderen Fällen ist eine Enttäuschung der Motor, eine durch Eifersucht vergiftete Liebe, die sie einen Ersatz suchen läßt, gleichgultig, wer diese neue Liebe in ihnen entstehen läßt. Andere Male ist es der Wunsch nach Macht oder Erfolg, nach Bewunderung und Neid, neben einem reichen und mächtigen Menschen. Oft ist es das Bedürfnis, der Langeweile und Banalität zu entfliehen. Vor allem die Ferien, also andere und außergewöhnliche Lebensumstände, sind geradezu dafür geschaffen, neue Erfahrungen zu machen, Erfahrungen, die aber nicht über einen gewissen Raum und eine gewisse Zeit hinausgehen können. Die in den Ferien bewunderte und angebetete Person wirkt, wenn wir sie im täglichen Leben wiedersehen, oft unpassend und fad. Die Verliebtheit ist eine Revolution gegen die tägliche Ordnung, aber kein Urlaub von ihr. Manchmal erscheint das Ungewöhnliche in Form einer Person, die von weit kommt und nur kurze Zeit bleibt. Da man weiß, daß diese Person wieder gehen wird, kann man sich »auf Zeit verlieben«, wissend, daß es keine Fortsetzung gibt. Man könnte die Beispiele beliebig fortsetzen. Aber wir führen sie hier nur an, um zu zeigen, mit welcher Leichtigkeit sich manche Menschen verlieben. In Wirklichkeit waren sie nie verliebt.

Was ist hier geschehen?

Es wurde die Sprache der leidenschaftlichen Liebe, also des Entstehungszustandes, benutzt, um eine Beziehung reicher zu gestalten, die sonst vermutlich schal gewesen wäre. Diese Art von »Liebe« hat mit echter Verliebtheit ungefähr soviel zu tun, wie ein Fest mit einer Revolution. Ein Fest hat durchaus den Charakter des Außergewöhnlichen, es verändert den Alltag, es ist eine Übertretung, es ist einmalig. Was es natürlich von einer Revolution unterscheidet, ist, daß es nicht in soziale Strukturen eingreift. Bei einer Revolution ist alles ein Risiko, bei einem Fest ist alles voraussehbar, kalkulierbar. Das Fest hat einen Anfang und ein vorbestimmtes Ende, es hat erprobte Regeln. Alles, was geschieht, geschieht innerhalb institutionalisierter Grenzen.

Es ist »wie wenn«: Es berührt die sozialen Strukturen nicht. Wenn das Fest vorbei ist, ist alles vorbei. Es gibt Menschen, die sich einmal in den und einmal in jenen, die sich jeden Monat, jedes Jahr verlieben. Was sie sagen, zeigt, daß sie nicht verliebt sind. In Wirklichkeit ereignet sich Verliebtheit, wie jede radikale Veränderung, nur manchmal oder sogar nie im Leben.

Diese Mißverständnisse darüber, was verliebt sein wirklich ist, erklären auch, warum es so oft Verliebtheiten gibt, in denen der eine mehr liebt als der andere. In diesen Fällen findet die Begegnung zwischen einer Person statt, die sich wirklich verliebt, die also wirklich in den Entstehungszustand eintritt, und einer anderen, die sich in ein Abenteuer stürzt, verführt durch erotische Anziehung oder Verehrung, durch Rache, Enttäuschung, Prestige, durch Eifersucht, durch Ferien oder durch was auch immer. Jedenfalls kann auf Grund solcher Voraussetzungen keine echte Verliebtheit entstehen. Zudem sagten wir bereits, daß ein Mensch im Entstehungszustand fast zwangsläufig seine Begeisterung anderen mitteilt, daß er eine eigene Sprache spricht. Das heißt, daß ein Verliebter dem anderen seine Sprache gibt und ihn in seinen Bereich einbezieht. Auf diese Art verstärkt sich im anderen die Illusion, auch verliebt zu sein. Ein wirklich verliebter Mensch handelt spontan und ehrlich und gesteht dem andern deshalb auch ein spontanes und total ehrliches Verhalten zu. Wenn der andere sein Spiel mit ihm treiben will, ist er eine leichte Beute.

Es genügt, zärtlich zu sein. Kleine Lügen zu sagen. Es ist so einfach, einem wirklich Verliebten das Gefühl von Sicherheit zu geben! Eben weil sie weniger spontan ist, sich mehr kontrolliert, weil sie die Dinge manipuliert, ist die nicht verliebte Person in der Lage, alle Schwächen, alle Ungeschicklichkeiten, alle Naivitäten des Partners, der wirklich liebt, zu kontrollieren. Dieser Mensch sieht nicht mit den veränderten Augen der Liebe, sondern mit den kalten und glänzenden Augen des Alltags. Die leidenschaftlichen Ausbrüche, die verzweifelten Versuche, das Sich-ewig-versichern-Wollen, und gleichzeitig die unglaubliche Roheit scheinen dem, der nicht liebt, kindliche Auswüchse bar jeglicher Reife. Die Tatsache, daß der andere sich immer wieder mit der eigenen Vergangenheit beschäftigt und immer wieder die zukünftigen Möglichkeiten erforscht, gibt ihm den Anschein der Oberflächlichkeit, des Unsoliden. Seine Krisen scheinen hysterisch zu sein, seine Unsicherheiten wirken wie Charakterschwächen. Ist er kreativ, mißversteht der andere seine Phantasien, seine Symbole, seine Poesie als Größenwahn, sie wirken künstlich. Mit einem Wort, wer nicht liebt, findet, daß die wirklich verliebte Person wenig stabil, von Zweifeln geplagt, ängstlich, unglaubwürdig, übertrieben, größenwahnsinnig und im Grund unehrlich ist. Wenn er sie gerne mag, sagt er ihr, was er selbst vom Leben erwartet, und das klingt meist solider als das, was ein wahrhaft Verliebter äußert. Er ignoriert die Zweifel und bewertet sie als Phantastereien. Er fühlt sich gestört und bittet den anderen, sich ganz klar zu entscheiden und keine Zeit mit Schwätzereien zu verlieren. Inzwischen versteckt er seine wirklichen Gedanken, seine wirklichen Zweifel. Er verhält sich so, als ob der andere das alles wissen müsse, und eines schönen Tages, wenn er feststellt, daß ihm alles zu langweilig und zu dramatisch ist, sucht er Ausreden, um zu beschuldigen und zu erklären, daß der andere nicht fähig sei, ihn zu verstehen. Dann erklärt er, daß die Geschichte so nicht weitergehen kann, und daß er sich nicht so geliebt fühle, wie er es brauche, und daß er sich jemand suchen müsse, der ihn »wirklich« verstehe zu lieben.

Häufig endet eine Verliebtheit auf diese Weise. Beide entdecken, daß etwas zu Ende geht, was nie existierte. Es gibt aber auch Fälle, in denen die Verliebtheit bei beiden echt war. Derjenige, der diese Liebe beendet, hat aber ganz im stillen eine eigene Vorstellung seiner Liebe entwickelt, hat den Geliebten auf die Probe gestellt, und hat auch das Verhalten des anderen als Bewährungsproben angesehen. Da sich das alles im stillen abspielt, versteht der andere die Tragweite des Geschehens nicht. Auf diese Art überschreitet er den Punkt ohne Wiederkehr und erscheint dem anderen wie ein Verbrecher. Jemand, der jemanden liebt, verliert sich selbst. »Im stillen« heißt hier nicht nur, daß die eigenen Vorstellungen, die Zweifel, die eigenen Gedanken nicht ausgesprochen werden, sondern vor allem, daß die eigene Verzweiflung nicht aufgedeckt wird, wenn der Punkt ohne

Wiederkehr erreicht ist. Wer liebt, spürt, wenn der Geliebte diesem verzweifelten Punkt ohne Wiederkehr begegnet. Er hält dann an. Aber es gibt Menschen, die ihre Gefühle wie eine Schwäche behandeln. Die eigene Angst, die eigene Verzweiflung zuzugeben, bedeutet für sie, sich in die Gewalt des anderen zu begeben. So daß sie, wenn sie vor diesem Punkt ohne Wiederkehr stehen, es weder sagen noch erklären können. Der andere kann es natürlich weder verstehen noch sehen. Könnte man sagen, daß dieses fehlende Vertrauen, diese Furcht, die eigenen Emotionen zu zeigen, ein Zeichen dafür ist, daß dieser Mensch sich nicht im Entstehungszustand befindet? Natürlich zeigt sich hier eine starke Furcht vor dem Verlassenwerden, ein Bedürfnis nach Sicherheit, das wenig mit Verliebtheit zu tun hat. Aber persönliche Erfahrungen, Enttäuschungen und Mangel an Gelegenheiten können dabei eine Rolle spielen. Wir versuchen uns alle gegen die Verliebtheit zu wehren. Nur ist bei solchen Menschen die Verteidigung ausgeprägter und gelingt wirkungsvoller. Die Bewährungsproben sind schmerzlicher, aber dafür ehrlich. Das Mißlingen der Bewährungsprobe führt zur Versteinerung, zum Haß und zur Sehnsucht. Die Situation ist aber eine total andere als die, die wir im vorangegangenen Kapitel beschrieben haben. Denn der, der die Beziehung abbricht, hört nicht auf zu lieben.

Wenn sich ein solcher Mensch verlassen und ausgehöhlt fühlt, holt ihn der Klang seiner eigenen Worte, seiner Briefe ein. Er wird von der eigenen Freundlichkeit verfolgt, trotzdem ist er immer bereit. Er kann immer einen Schritt zurücktun, den eigenen Schmerz herunterspielen. Er erlebt, wie es ist, einsam zu sein, aber er erträgt es mit mehr Leichtigkeit, denn der andere ist weiterhin verliebt in ihn, beweist seine Liebe – natürlich nicht ausreichend, denn er hat in seinem Herzen beschlossen, daß er ein Ende will –, aber trotzdem ist es immer noch schön. Er liebt nicht mehr, weil er kein Vertrauen mehr hat, aber es ist angenehm, Macht über den anderen zu haben. Diese Macht ist übrigens nicht zu unterschätzen, und mit ihr zwingt er den Partner, ihn so zu akzeptieren, wie er ist. Es ist eine Macht, mit der man den Partner erniedrigen kann, sich selbst von der eigenen Vergangenheit befreit, den Partner vorbereitet, andere Dinge zu suchen und andere Dinge zu sehen, auch eine neue Liebe. Die Liebe des anderen, eine tiefe und ehrliche Liebe, wird dazu benutzt, sich selbst so stark zu machen, daß man den anderen nicht mehr braucht. Hier wird Liebe rückgängig gemacht. Der Versuch der Trennung gelingt, die Bewährungsproben werden über einen langen Zeitraum verteilt, der einsame Beschluß des Verlassens ist vollzogen. Die Trennung von der geliebten Person vollzieht sich in deren Anwesenheit, sie ist noch verliebt. An diesem wehrlosen Menschen wird die bittere Macht der Rache ausgeübt. Es ist kein schwieriges Unterfangen, denn der andere hat ein großes Leidensvermögen. Wenn er in Verzweiflung gerät und sich trennt, ist es für ihn zwar die totale Versteinerung. Aber der andere ist frei.

SECHZEHNTES KAPITEL

Die Verliebtheit, die ein außergewöhnliches Ereignis ist, kann trotzdem in Banalität enden. Erinnern wir uns, daß dies zu einer bestimmten Zeit notwendig ist, sowohl für die Gemeinsamkeit wie auch für die Individualisierung; es ist die Suche nach dem, was für beide wichtig ist, aber die Vorstellungen sind verschieden, sie prallen aufeinander. Die Spannung, die so entsteht, nährt die Verliebtheit. Verliebtheit aber zwingt die Menschen, sich zu verändern, denn beide Personen sind verschieden, wollen aber ihre jeweilige Persönlichkeit möglichst erweitern. Sie möchten ihre tiefsten Sehnsüchte verwirklichen, und dies zusammen. Die Verliebtheit ist die Suche nach der eigenen Bestimmung. In dieser Begegnung, in der die verschiedenartigsten Vorstellungen aufeinanderstoßen, kann einer der beiden das Gefühl haben, jetzt gelingt etwas, was er andere Male schon versucht hatte zu realisieren, was aber mißlang. Wenn er es wieder aufnimmt, werden auch die Zweifel, die Verteidigungsmechanismen, die Ängste, die ihm bereits begegnet sind, wieder zum Leben erweckt. Er möchte es versuchen, aber gleichzeitig versucht er, sich mit allen

Vorsichtsmaßnahmen zu umgeben. Er möchte die Andersartigkeit des anderen, denn genau sie ist es, die ihn angezogen hat, da sie ihm neue Möglichkeiten des Lebens aufzeigte, aber gleichzeitig versucht er sie zu begrenzen, um sich abzusichern. Die ungestüme Vitalität macht ihm Angst, er möchte sie, aber gezähmt. In jeder Verliebtheit wirkt der andere immer reich, er schäumt über vor Leben. Er scheint die Inkarnation des Lebens zu sein, in seiner Selbstgestaltung, seinem Verhalten, einfach so, wie man immer sein wollte – und nie war. Der Geliebte ist also immer freie, vitale Kraft, unvorhersehbar, polymorph. Er ist wie ein herrliches wildes Tier, außergewöhnlich schön und außergewöhnlich lebendig. Ein Tier, dessen Wesen nicht sanft, sondern rebellisch, nicht schwach, sondern stark ist. Die »Gnade«, von der wir sprachen, besteht darin, daß eine solche Kreatur uns gegenüber sanft wird und uns liebt.

Der Geliebte wirkt anziehend, er gefällt genau wegen dieser freien und befreienden Kraft, aber auch weil er unberechenbar und zu fürchten ist. Und so ist es, daß in der Zeit der Bewährungsproben, die zur Liebe führen, derjenige der Vorsichtigere ist, der Proben mit vielen und flexiblen Grenzen, vielen kleinen Verzichten stellt, die alle im Grunde sanft, sicher und harmlos sind. Der andere wird dann ganz langsam akzeptieren. Er hatte Freunde und verzichtet darauf, mit ihnen auszugehen, er reiste viel, jetzt bleibt er zu Hause, er liebte seinen Beruf und vernachlässigt ihn jetzt, alles, um sich der Geliebten zu widmen. Um die

Geliebte nicht zu verunsichern, ändert er alles, was diese Sicherheit gefährden könnte. Es sind viele kleine Verzichte, keine einschneidenden, keiner, der den einen Punkt ohne Wiederkehr überschreiten würde. Man verzichtet freiwillig, man ändert sein Verhalten gerne, denn man möchte, daß der Geliebte glücklich ist, man versucht so zu werden, wie er es möchte. Ganz langsam wird der andere zum Sklaven, verfügbar, immer bereit, immer dankbar. Das zauberhafte wilde Tier wird domestiziert. Die tropische Blume, die aus ihrer Umgebung gerissen wird, verwelkt in der kleinen Vase auf dem Fensterbrett. Der, der um diese Änderungen gebeten hatte, wollte sich damit absichern, weil er Angst vor dem Neuen hatte. Aber jetzt findet er nicht mehr, was er gesucht hatte. Die Person, die jetzt vor ihm steht, ist nicht mehr die, in die er verliebt war, gerade weil sie lebendig und anders war. Er hatte sie gebeten, sich nach seinen Ängsten zu richten und jetzt liebt er sie nicht mehr. Das ist etwas, was sehr häufig vorkommt, vor allem bei erwachsenen Männern, die sich in junge Mädchen, in ihre Jugend und ihre Möglichkeiten verlieben. Aber sie fürchten sich auch davor und bitten sie deswegen, ihre Arbeit und ihre Freunde zu verlassen und nur noch freundlich und unterhaltsam zu sein. Wenn daraus ein versklavtes Wesen geworden ist, sehnen sie sich nach einem anderen jungen Mädchen, das genauso ist wie die war, die sie eben zerstört haben. Das Beispiel ist nicht zufällig gewählt, denn es sind vor allem die Frauen, die bereit sind, diese Art von »Vergewaltigung« hinzunehmen und sich in diese Rolle einzufügen.

Sie werden begehrt, solange sie frei sind, solange sie die Kraft der Freiheit haben, werden aber dann in häusliche Mauern gesperrt, mit Grenzen umstellt, umgeben von Eifersucht, die sie dazu zwingt, zu etwas banal Alltäglichem zu werden, und der Alltag ist der Ort, wo – per definitionem – nicht nur die Verliebtheit, sondern auch die Liebe endet. Die Notwendigkeit, den andern zu banalisieren, ihm seine Besonderheit und Andersartigkeit zu nehmen, ihm die Lebenskraft zu entziehen, steckt auch in der Frau. Zum Teil hat sie es im Lauf der Jahrhunderte vom Mann gelernt. Da man sie gezwungen hat, zum Haustier zu werden, konnte sie, um sich zu verteidigen, lange nichts anderes tun, als dem Mann dasselbe Schicksal aufzuerlegen. Die tiefe Unsicherheit läßt sie leicht zu findende und kontrollierbare Sicherheiten suchen, und es gibt nichts Leichteres und Kontrollierbareres als jemand, der keinen Schwung mehr hat, der immer das Gleiche wiederholt. So geschieht es oft, daß alle beide, erschreckt vor dem Willen nach intensivem Miteinanderleben, ganz schnell in eine Langeweile hineinrutschen, in Groll und Mißverständnis. Sie kommen sich sogar entgegen und glauben, daß tausend Garantien und tausend Grenzen jenes »glückliche und zufriedene« Leben garantierten, das es überhaupt nicht gibt. Enttäuscht und illusionslos bleiben sie danach zurück, und kultivieren all das in ihrer Phantasie, was sie in der Hand gehalten und zerstört haben. Dies ist wahrscheinlich die häufigste Art, wie eine Verliebtheit langsam aber sicher erlischt. Aber es gibt noch andere. Zum Beispiel kann etwas, was außerhalb des Alltags schön ist, im Alltäglichen unerträglich sein. Viele Menschen verlieben sich in jemand, der von der Umwelt bewundert wird. Zum Beispiel in einen Sänger, einen Pianisten, einen Boxer, einen Skilehrer oder einen Schriftsteller. Nehmen wir den Fall des Pianisten. Hier ist das Außergewöhnliche der musikalische Erfolg, ein Beruf, der sich in einer nicht alltäglichen Welt abspielt. Mit einem Pianisten zu leben ist aber eine andere Sache, und das gilt für alle Berufe dieser Art, denn in ihrem Innersten leben Künstler aus der Disziplin heraus. Proben, das dauernde Suchen nach Klarheit, nach einem Ergebnis, nach der Perfektion.

Das Publikum sieht dies nicht und der Verliebte am Anfang auch nicht; er ist von der Leistung beeindruckt und denkt nicht an die schwere Arbeit, deren Notwendigkeit er verstehen muß, und die er zu teilen lernen muß, ohne die Hauptrolle zu spielen. Eine Enttäuschung ist daher leicht möglich. Aber auch ohne besondere berufliche Qualitäten können Menschen Bewunderung auslösen. Zum Beispiel fühlen sich manche Männer von lebhaften, besitzergreifenden, brillanten, attraktiven Frauen angezogen, um dann zu entdecken, daß sie das stört und daß sie beherrscht werden. Andere verlieben sich in mütterliche Frauen, die sie behandeln wie ein Kind. Folgerichtig fühlen sie sich dann auch kontrolliert wie ein

Kind. Viele Frauen fühlen sich von freundlichen Männern angezogen, die sich dann als schwach erweisen, andere von sogenannten harten Männern, die womöglich nur brutal und abgestumpft sind. Das Übermaß, auch wenn es außergewöhnlich ist, zeigt sich auch in der Folge als Übermaß.

Wenden wir uns einem anderen Problem zu, stellen wir uns eine Frage, die von vielen gestellt wird. Stimmt es, daß man sich leichter in jemanden verliebt, der sich entzieht, nachdem man sich also sehnen muß? Stimmt es also, daß man, wenn man zwischen zwei Personen wählen muß, nicht die wählt, die einen liebt, sondern daß man sich in die verliebt, die vor einem flüchtet? Es ist eine sehr unklare Idee, die zum Teil der Wahrheit entspricht, aber nur zu einem ganz kleinen Teil. Die Wahrheit besteht darin, daß die Verliebtheit immer das Andersartige und Außergewöhnliche sucht. Ein Mensch, der sich verliebt, verliebt sich sehr selten in denjenigen, der ihm schon seit geraumer Zeit den Hof macht und in ihn verliebt ist. Er kennt ihn bereits und hat diese Möglichkeit erforscht. So daß der Entstehungszustand als Erforschung des Möglichen in bezug auf diese Person nicht stattfinden kann, da sie bereits ein Teil der Vergangenheit, des Vorhandenen ist. Er wird diese Möglichkeit nur dann wählen, wenn er auf der Suche nach etwas anderem enttäuscht wurde. Nur dann wird er zur Vergangenheit zurückkehren, um sich bei dieser Person, die ihn bereits liebte, zurückzuziehen, sicher, daß er dort die Bereitschaft und das Verständnis finden wird, das er bei der anderen nicht gefunden hat. In die andere hatte er sich nicht verliebt, weil sie sich ihm entzogen hat, sondern nur weil sie neu, anders, unbekannt und allen Möglichkeiten offen war. Indem er zu dem Menschen zurückkehrt, der ihn bereits liebte, entsagt er der Entdeckung der Möglichkeiten, das heißt der Verliebtheit.

Er verliebt sich nicht mehr; er kann glauben, verliebt zu sein, er kann diesen Menschen gern haben, er kann vielleicht sogar ein ganzes Leben mit ihm leben, aber es handelt sich um Liebe, nicht um Verliebtheit. Wenn er sich selbst zu überzeugen versucht, daß er verliebt ist, wird er nach einiger Zeit feststellen, daß er es nicht mehr ist. Genauer gesagt, er wird feststellen, daß er es noch nie war, aber es nicht wissen wollte.

Kommen wir jetzt zum letzten Beispiel: dem einer Verliebtheit, die zu Ende geht. Dies tritt dann ein, wenn jemand, ohne es wahrscheinlich selbst zu merken, den Punkt ohne Wiederkehr überschritten hat. Niemand weiß, wo ein solcher Punkt ohne Wiederkehr sitzt. Das einzige Zeichen ist eine innere Rebellion, eine Verzweiflung, ein Vorausnehmen – manchmal nur für wenige Stunden – der Versteinerung. Es kann aber passieren, daß der Punkt ohne Wiederkehr versteckt auftritt, weitab vom Denken, in einem Anflug von Nichtwissenwollen, oder weil der andere zu verstehen gibt, daß sich eines Tages die Dinge ändern werden. Nehmen wir zum Beispiel eine Frau die arbeitet, die ihren Beruf liebt, und von der der Mann, den sie liebt, verlangt, daß sie ihre Arbeit aufgibt, da es für seine Karriere notwendig ist, den Ort zu wechseln, und es dort für sie keine Arbeit gibt. In einem solchen Fall kann die Frau ihren Beruf in der Hoffnung aufgeben, daß sie ihn irgendwann einmal wieder aufnehmen kann. Er kann ihr sagen, daß es nur für eine kurze Zeit ist, und daß sich danach alles ändern wird. Gleichgültig wie, die Tatsache bleibt bestehen, daß hier ein Punkt ohne Wiederkehr überschritten ist. Die Frau verläßt ihre Arbeit, ihre Karriere, folgt ihrem Mann, um sich dann sehr langsam bewußt zu werden, daß sie keine Interessen und keine Lebenskraft mehr hat und sich immer stärker nach dem sehnt, was sie verlassen hat. Ihre Verliebtheit geht zu Ende. Manchmal läßt das Leben mit seinen Zufällen Dinge als Punkt ohne Wiederkehr erscheinen, die nur zurückgestellt waren. Eine Frau kann sich zum Beispiel sehnlichst ein Kind wünschen, aber um ihre Liebe nicht zu zerstören, verschiebt sie diesen Wunsch auf unbestimmte Zeit. Aber dann überschlagen sich die Geschehnisse um sie herum: Ihr Vater stirbt, die Mutter stirbt, sie stellt fest, daß sie älter wird, und jetzt, angesichts der Macht des Negativen, bekommt ihre Fähigkeit, Leben zu geben, einen neuen Wert. Ein Kind zu bekommen heißt den Tod zu bezwingen.

Das, was zuerst Zeit hatte, wird eilig, es wird ein wichtiges Element des eigenen Lebensplans. Über was sich beide seit langem einig waren, all die Auseinandersetzungen, deren Basis die gemeinsame

Liebe war, wird wieder zur Diskussion gestellt, und dieses Mal gibt es die Möglichkeit aufzuschieben nicht mehr. Das wichtigste Bedürfnis der Frau ist es, verstanden und akzeptiert zu werden. Wenn sie nicht angenommen wird, endet die Liebe langsam, ihre Basis, ein bereits nicht mehr akzeptiertes Einverständnis und ein unberechtigter Egoismus, ist in die Brüche gegangen. Es beginnt das Aufarbeiten der Vergangenheit, die Aufrechnung dessen, was gegeben wurde (viel) und dessen, was zurückkam (nichts), die Liebe stirbt im Ressentiment und es verschwindet sogar die Erinnerung. Das Auftreten von Punkten ohne Wiederkehr im Laufe eines Lebens ist sehr viel häufiger als angenommen wird. Dinge, die zweitrangig erschienen, erweisen sich als lebenswichtig. In all diesen Fällen sieht es so aus, als ob die Liebe langsam einschlafe, verlösche. In Wirklichkeit aber, bei genauer Betrachtung, stellen wir das Wiederaufleben des Dilemmas fest, der unbewußten Verzweiflung.

SIEBZEHNTES KAPITEL

Ist es möglich, daß ein Mensch in einen anderen über Jahre und Jahre oder gar ein ganzes Leben lang verliebt bleibt? Ja. Ist es denkbar, daß zwei Menschen über Jahre und Jahre oder gar ein ganzes Leben lang ineinander verliebt sind? Ja. Auf den ersten Blick scheint dies unmöglich, weil die Verliebtheit ein Übergangszustand ist, der entweder verschwindet oder sich institutionalisiert oder langsam vergeht. Dies ist der normale Verlauf. Es gibt aber außergewöhnliche Fälle, in denen es zur Aufgabe des Lebens wird, den Entstehungszustand zu bewahren, in denen der Mensch weiterhin leidenschaftlich den anderen liebt, auch wenn dieser unerreichbar oder sogar tot ist. Vor allem wenn der andere nicht erreichbar ist – denken wir an die Trennung von Abälard und Héloise, an den Tod Beatrices bei Dante, an die Hochzeit und den Tod Lauras bei Petrarca –, wenn er nicht abgelehnt wurde, besteht die Verliebtheit in Gedanken weiter. Wurde er abgelehnt, kann dies nicht passieren; dann ist das Gedächtnis verpflichtet, gegen die Vergangenheit, gegen das »Es-war-einmal« zu kämpfen. Aber wenn die andere Person Ja oder ganz einfach nicht Nein gesagt hat, kann die ganze kreative Kraft der Liebe sich ihr zuwenden. Und da die Phantasie von der Realität nicht enttäuscht werden kann, besteht die Liebe auf einer außergewöhnlichen Ebene weiter. Um zu verstehen, um was es hierbei geht, genügt es, an die Zeiten zu denken, in denen zwei verliebte Personen voneinander entfernt sein müssen. Nicht etwa, weil sie sich getrennt haben, sondern weil ein äußeres Ereignis als unüberwindbar anerkannt wird. Jeder lebt im Herzen des andern, und die Liebe wird zu einem ewigen Verlangen, einem Leiden, wenn der andere nicht da ist, aber auch zu einem Quell der Freude in der Erinnerung, der Erwartung oder des einfachen Denkens an die Liebe des Geliebten.

Alles, was geschieht, wird, verglichen mit diesem tiefen Bereich, der erregt und wärmt, nebensächlich. Das Leben kann sich normal abspielen und sogar ein aktives Leben sein, aber sein emotionales und ethisches Zentrum liegt außerhalb. Die Liebe wird zum inneren Ort der Regeneration, zu einer Insel innerhalb der Nebensächlichkeiten, zu einem Rosengarten inmitten einer Wüste, wo die Seele ihren Durst löscht, um dann wieder in die Welt zurückkehren zu können. All dies ist der Mystik sehr nahe. Dantes Göttliche Komödie ist ein großes mystisches Gedicht, in dem die geliebte Frau Begleiterin und Führerin auf der Reise zu Gott wird. In der reinen Mystik gibt es diese Figur der Vermittlung nicht mehr, und die Liebe wendet sich direkt an Gott. Aber es ist nicht ungewöhnlich, daß sie in der Realität vorhanden ist. Die Beziehung zwischen der heiligen Klara und dem heiligen Franz von Assisi hat alle Anzeichen einer Verliebtheit. Dschelal ed-Din Rumi schrieb eines der größten mystischen Gedichte des Islam, das Mesnewi, und er schrieb die lyrische Sammlung des Diwan, nachdem sein Lehrer Shams ed-Din Täbrisi, den er sehr geliebt hatte, verschwand oder verstarb. Im Mesnewi spricht er nie von diesem Mann, sondern nur von Gott. Aber in vielen Teilen des Gedichtes hat man den Eindruck einer so konkreten und sehnsuchtsvollen Liebe, daß die Figur des menschlichen und die des göttlichen Freundes fast austauschbar werden. Der Diwan ist hingegen ausschließlich an Shams ed-Din Täbrisi gerichtet, und hier gelingt es ihm durch den geliebten Freund mit Gott zu sprechen. Die mystische Liebe bleibt Verliebtheit, denn mit dem göttlichen Freund oder Geliebten ist keinerlei Vertrag auf Wechselseitigkeit möglich. Nur einer kann lieben, der andere nur geliebt werden und seine Antwort, die nicht garantiert werden kann, ist immer und auf jeden Fall »Gnade«. Auf Grund dieser totalen Asymmetrie, dieser unüberwindbaren Distanz, bleibt die mystische Liebe immer im Stadium der Verliebtheit, die Sehnsucht hört nie auf.

Da die Distanz nie aufgehoben wird, da auch immer ein Leidenszustand vorhanden ist, wird die mystische Liebe wunderbarerweise zur Freude. »In Dir« schreibt Raimondus Lullus »ist meine Gesundheit und mein Leiden, je mehr Du mich pflegst, desto mehr wächst meine Sehnsucht, je mehr Du mich leiden läßt, desto mehr Gesundheit gibst Du mir.« Und die heilige Theresa, obwohl sie in der »siebten Wohnung« lebt, dem letzten und perfektesten Zustand der Mystik, findet in sich den großen Wunsch zu leiden, aber nicht in der Art, daß sie Unruhe fühlt, denn das Verlangen, daß sich in ihr Gottes Wille erfülle, ist so stark, daß sie sich darein ergibt zu leiden, wenn Gott dies will, und nicht zu verzweifeln, wenn dies nicht sein Wille ist. Die mystische Liebe zeigt uns mit Klarheit, daß der Zustand der Verliebtheit in keiner Weise davon abhängig ist, daß der andere antwortet, oder gar Sicherheit gibt, ausschließlich und einfach hängt unser Verliebtsein davon ab, wie wir sehen, denken, fühlen, uns etwas vorstellen usw., kurz, es hängt von einer Art Gefühlssystem ab, das den Strukturen unseres Gehirns entspringt. Wir sehen die Dinge nicht wie sie sind, sondern wie wir sie machen. Die mystische Liebe schafft sich den Gegenstand ihrer Liebe ausgehend von den Kategorien des Entstehungszustandes, und da sie keine real existierende Person meint (die sie in der Vorstellung verändern würde), schafft sie sich ihr reines und ideales Objekt. Unsere heutige Kultur sagt, daß diese Art des Lebens das wirkliche Leben verfehlt. Das scheint auch mir so, man muß jedoch anerkennen, daß die Mystik durch die Jahrtausende hindurch eine sehr wichtige und sehr intensive Lebensform war.

Tatsächlich hört für den Liebenden das Objekt, das er liebt, nie auf, »wirklich« zu sein. Und andererseits, ist es nicht so, daß in der Verliebtheit die geliebte Person am »wirklichsten« ist in unserer Vorstellung? Ist der Geliebte nicht ein Produkt der Phantasie? Ist er nicht eine Idee? Diese Idee, die wir von dem Geliebten haben, müssen wir aber modifizieren. Sie muß sich der Realität anpassen, sie muß sich der Welt einfügen. Es ist allerdings eine unlösbare Aufgabe, eine Idee ohne Abstriche verwirklichen zu wollen. Immer gibt es Hindernisse, ein Netz von Verpflichtungen, nach denen man sich richten muß.

Wenn sich eine Idee der konkreten Welt einfügen muß, verliert sie. So daß jede Verliebtheit, die lange andauert, sich eigentlich nur in der Vorstellung aufbauen kann, sie kann nur in der Vorstellung überleben, verlangt aber von den beiden Verliebten, hier und sofort im absolut Konkreten das zu verwirklichen, was nur in der Vorstellung vollkommen sein kann. Je mehr die Verliebten versuchen, alles konkret zu realisieren, alles in Pragmatik und Tatsachen umzusetzen, desto gründlicher sind sie zum Scheitern verurteilt. Es ist unendlich wichtig, bis tief ins Innerste folgerichtig zu sein, sich zu sagen, daß man auf außergewöhnliche Experimente verzichten wird, daß man da nicht sucht, daß man dort nicht will, oder daß man es auf diese Art nicht will. Dies gilt nicht nur für die Verliebtheit, sondern für alles, was mit einem Entstehungszustand zu tun hat. Der Versuch, alles jetzt und sofort zu wollen, erzeugt erfahrungsgemäß den allerschlimmsten Fanatismus. Das Mögliche verkörpert sich nie vollständig in der konkreten Welt.

Zu glauben, daß man das Paradies auf einen bestimmten Punkt reduzieren könne, führt zum Fanatismus. Alles, was existiert, kann verändert werden, aber es wird nie das Absolute, das Perfekte, das Unumstößliche, die Totalität sein. Immer unterscheidet sich die Substanz vom Akzidentiellen, immer gibt es den Punkt, an dem Wesentliches durch das Nebensächliche hindurch sichtbar wird, an dem sich das Absolute offenbart. Das geliebte Objekt existiert als etwas empirisch Faßbares und als etwas Verklärtes. Der Mystiker löst dieses Problem, indem er die materielle Welt negiert, sie zur puren Nebensächlichkeit reduziert, das Wesentliche davon abtrennt, und es als Objekt der reinen Intuition handhabt. Mit anderen Worten, er läßt seine Gedanken im Entstehungszustand sich ihr eigenes Objekt konstruieren. An diesem Punkt wird aber verständlich, weshalb sich eine oder beide verliebten Personen in diese Richtung weiterentwickeln und ihre Liebe im alltäglichen Leben nicht auf die Probe stellen. Die Revolution mißlingt, das Ideale trennt sich vom Vorhandenen, es wird zum Ort der Phantasie, in der die Begegnung stattfindet. Die Liebenden leben weiter ihr konkretes Leben, sie bewältigen die Fährnisse des Lebens, sie kämpfen, konstruieren Dinge, aber trotzdem bewahren sie die außergewöhnliche Dimension in ihrer Beziehung. Dies ist nicht sehr häufig, aber auch nicht so selten, wie man denken könnte. Außerdem ist diese Art der Beziehung nicht leicht feststellbar, da diese Menschen nicht von ihrer Liebe sprechen.

Sie findet in einem Phantasiebereich statt, der die beiden Verliebten von Nebensächlichkeiten vollkommen abtrennt, sie zu Wesen mit völliger Zurückhaltung und Schamhaftigkeit macht. Es ist absolut falsch zu glauben, daß diese Art von Liebe eine rein geistige oder gar »platonische« sei. Sie kann extrem sexuell und erotisch sein. Warum ist das so selten? Wahrscheinlich, weil die Verliebtheit normalerweise die konkrete Umstrukturierung der vorhandenen Wirklichkeit versucht. Weil sie versucht, um den Geliebten herum das gesamte gegenwärtige, vergangene und zukünftige Leben neu zu organisieren, und zwar auf eine exemplarische, manifeste Weise. Das Ziel heißt konkrete Veränderung und daher scheint die Perspektive der reinen Idee von vornherein zum Scheitern verurteilt zu sein. Nur Menschen, die sich in extremen Situationen befinden, versuchen diesen Weg, und im allgemeinen auch erst dann, wenn sie versucht haben, andere Wege zu gehen, auf denen sie gescheitert sind. Es gibt keine Sicherheit, daß diese Art von Liebe glückt. Daß ein echtes Zusammenleben verwirklicht werden kann, ist unwahrscheinlich. Es ist ein Versuch, der über sich selbst hinausweist. Die seltsame Verbindung, die phantasievolle Wesentlichkeit und nichtige Wirklichkeit eingehen kann, erlaubt, die verschiedenartige Bedeutung, die Phantasie innerhalb der sexuellen Beziehungen haben kann, zu bewerten. Viele Menschen, die eine sexuelle Beziehung haben, stellen sich vor, mit einer anderen Person, oder mit mehreren Personen zu schlafen, oder sogar mit der gleichen Person, aber in einer anderen Situation. Auch in der Verliebtheit kann die verliebte Person sich vorstellen, wie die Beziehung mit anderen Partnern war. Diese Phantasien haben allerdings die Funktion, die geliebte Person höher zu bewerten, da es um »bereits Gewesenes« geht. Irgendwann entschwinden die anderen Partner aus dem Gedächtnis, und nur die geliebte Person bleibt übrig. Es passiert auch, daß die verliebte Person sich den Geliebten mit jemand anderem vorstellt oder anstelle eines anderen, mit dem er in der Vergangenheit eine Beziehung hatte. Auch in diesem Fall geht es allein darum, was Wert hatte und hat zu integrieren. Auch Eifersucht ist eine Art, etwas aufzuwerten, das heißt, sich vorzustellen, an die Stelle der Person zu treten, auf die man eifersüchtig ist, sich selbst als Wert völlig zu annullieren, ohne Rückstand den Platz der Person zu besetzen, auf die man eifersüchtig ist.

Bei keiner verliebten Person, die noch Beziehungen zu anderen hat, ist der Prozeß wesentlich anders. Während im ersten Fall die Phantasien den geliebten Menschen miteinbeziehen, werden im zweiten Fall die Phantasien nicht an den Partner weitergegeben. Zu wem auch immer eine Beziehung nebenher besteht, der Liebende wird sich weiterhin vorstellen, nur mit der geliebten Person zu schlafen. Und da, wo die Phantasie nicht mehr ausreicht, erfindet er eine Erfahrung, die er dann auf phantasievolle Art mit dem Geliebten durchlebt. Es tritt das Paradox ein, daß man mit jemandem schlafen kann, den man nicht liebt, ohne es wirklich mit ihm zu tun, und nie mit dem zu schlafen, den man liebt, und trotzdem ausschließlich mit ihm. Es ist also so, daß es Menschen gibt, die laufend den Partner wechseln, trotzdem immer nur mit ein und der gleichen Person schlafen. Und sie geben ihr Geheimnis nicht preis, nicht einmal in einer Therapie.

ACHTZEHNTES KAPITEL

Kann eine Verliebtheit sich in eine Liebe verwandeln, die über Jahre hinweg die Reinheit der Verliebtheit bewahrt? Ja. Das kann geschehen, wenn die beiden Verliebten es schaffen, ein aktives und neues Leben zu führen, voller Abenteuer, interessant, wenn sie zusammen verschiedene Dinge entdecken oder sich gemeinsam gegen Schwierigkeiten von außen wehren. Es dürfen keine großen Schwierigkeiten sein, denn alle Schwierigkeiten, die von außen kommen, wirken auf die Verliebten wie eine Unvereinbarkeit der Vorstellungen. Aber es gibt auch Schwierigkeiten, die nicht aus dem vergangenen Leben der beiden verliebten Personen rühren. In diesem Fall kämpfen beide Seite an Seite für eine gemeinsame Sache. Das löst die individuellen Vorstellungen auf, macht die wechselseitigen Bewährungsproben viel geringer, denn das Hindernis wird als ein äußeres und nicht als ein inneres gesehen. Eine Gemeinsamkeit der Aktionen entsteht, beide wollen nun, was jeden einzeln, beide aber auch zusammen interessiert. Das abenteuerliche und außergewöhnliche Element ist auf jeden Fall sehr wichtig. Der Entstehungszustand ist eine Revolution gegen das tägliche Leben, deswegen gelingt es ihm, wenn er Erfolg hat, daß das Leben eine andere neue, nicht mehr zufällige, sondern bewußt gewollte Richtung nimmt. Die außergewöhnlichen Energien des Entstehungszustands geben den beiden Verliebten eine enorme Kraft, um sowohl das Beängstigende als auch das Fremde zu bewältigen, um Schwierigkeiten gemeinsam zu überwinden. Wenn sie eine Reise, ein Abenteuer, eine weit entfernte Arbeit angehen, fühlen sie, daß sie die Kraft und Solidarität ausschließlich in sich selbst finden. Diese Tatsache bestätigt das, was sie intuitiv fühlten: daß ihre Kraft aus dem Zusammensein, aus ihrer Liebe zueinander entspringt.

Das Andere, das Neue, das Außergewöhnliche wirkt auf eine sehr subtile Art: Das Alltägliche entfernt sich, das Gewicht der Vergangenheit, das den Aufbau des gemeinsamen Projektes bedroht, wird kleiner. Damit dies passieren kann, ist es nicht einmal notwendig, daß die verliebten Menschen in unbekannte Bereiche gehen. Sie können in ihrer vertrauten Umgebung bleiben, aber sie müssen die Gelegenheit haben, diese auf eine vollkommen andere Art zu sehen; sie müssen die Möglichkeit haben, neue Wege und Bedeutungen konstruieren zu können. Wenn sie gezwungen sind, die bereits gegangenen Schritte zu wiederholen, dem schon Gelebten immer wieder zu begegnen, dem Es-war-einmal, endet das damit, daß der Bereich des Möglichen beschnitten wird. Es gibt nichts, was die Verliebtheit mehr zerstört als die Wiederholung des immer wieder Gleichen, das Wiedererleben von Erfahrungen, die bereits gemacht worden sind, das Wiederfinden der bereits bekannten Hindernisse. Anstatt sich selbst eine Geschichte aufzubauen, die Vergangenheit zu verarbeiten, ist es die Vergangenheit, die immer wieder auftaucht, und Gegenwart und Zukunft beeinträchtigt. Aber es stimmt auch, daß das, was für den einen neu ist, bereits Erlebtes für den anderen ist. Dann werden die gemeinsamen Projekte undurchführbar, und die Verliebtheit endet. Und wenn es kein aktives gemeinsames Leben gibt? In diesem Fall gibt es nur die Alternative der inneren Reise, der mystischen Reise, von der wir im vorangegangenen Kapitel sprachen. Sie ist sehr selten. Alle suchen die Realität, die Aktivität, denn nur das befriedigt die brennende Anforderung des Entstehungszustandes nach einer Veränderung des Lebens. Gemeinsam neue Erfahrungen machen: Dies ist der Schlüssel, um die aktive Verliebtheit zu verlängern. Diese neuen gemeinsamen Erlebnisse können den Charakter von »Ferien« haben. Leider genügen im allgemeinen diese Ferien nicht, da kurze Unterbrechungen dieser Art den Alltag nicht einschränken, sondern nur wie eine Art Flucht erscheinen, eine Art Abenteuer der Phantasie. Wirksam werden sie erst, wenn die gemeinsam erlebten Erfahrungen, selbst wenn sie nur die Bedeutung von »Ferien« haben, das alltägliche Leben beeinflussen und wir beginnen, nicht mehr nur allein mit unseren eigenen Augen zu entdecken, zu suchen und zu sehen.

Beide finden eine neue Realität, die so wichtig wird, daß sie sichtbare Spuren hinterläßt. Mit der »Hochzeitsreise« fanden die alten Institutionen eine Möglichkeit, diesen Bedürfnissen etwas entgegenzusetzen, sie boten eine vorgefaßte Antwort an. Die »Hochzeitsreise« ist das institutionelle Symbol für die Ferien vom Alltäglichen, für das Abenteuer des Zuzweit-Lebens. Auch die Reise, die oft einem »müden« Ehepaar empfohlen wird, ist ein Wiederbelebungsversuch: In einer außergewöhnlichen Situation soll es wieder möglich werden, besondere Erfahrungen zu machen, die erstickt wurden und erloschen sind in der Banalität des Alltäglichen und der Anhäufung von Enttäuschungen. Und wo bleibt die Banalität des Alltags, wenn die Prozesse von Veränderung und Revolution, die der Entstehungszustand anbot, nicht scheitern? Die Verliebtheit ist ein Entdecken des Möglichen, die Person, in die wir uns verlieben, bedeutet für uns die Möglichkeit, alltägliches Erleben grundsätzlich zu verändern. Die verliebte Person ist lebhaft, phantasievoll, bereit, viele Dinge zu tun, das Leben erscheint reicher, amüsanter, anziehender, voll von intensiven Gefühlen, voll von wunderbaren Dingen, fortlaufenden Entdeckungen, aber auch Risiken. Aber das Alltägliche erhebt sich. Langsam aber sicher entsagen wir dem Entstehungszustand. Der Wendepunkt ist natürlich die große Entsagung, der Punkt ohne Wiederkehr, aber der Rest geschieht Schritt für Schritt, durch kleine Kompromisse, wir folgen doch wieder den gewohnten Wegen, wir werden träge, bequem, unsere Phantasie ist nicht groß genug, wir haben Angst vor dem Risiko. Dies geschieht, auch wenn es zu Anfang eine große Veränderung gab, wenn die beiden zusammengezogen sind, sich haben scheiden lassen, die Arbeit wechselten. An tausend bekannten und sich wiederholenden Dingen des täglichen Lebens reiben sie sich, es gibt tausend Tätigkeiten, bei denen sich die Phantasie der Wirklichkeit des Alltags unterordnen muß, so lange, bis auch hier der Alltag aufs neue seine Diktatur ausübt. Diese Diktatur schreibt den Verzicht auf Urlaub, auf Feste, psychotherapeutische Praktiken und verschiedene sexuelle Erfahrungen vor. Aber es gibt nichts, was diesen Alltag so »zurückschraubt«, so auf die reine Existenz reduziert, wie die Tatsache, daß die Phantasie ein Recht gegenüber der Realität hat, daß sie gegen das Existente ankämpft, daß mithin ein neuer Entstehungszustand eintreten kann.

Auch wenn große Veränderungen stattgefunden haben, bleiben die Verliebten im Netz der unumgehbaren Pflichten eines neuen Alltags hängen. Wenn die Verliebtheit zur Liebe wird, wenn sie neue Aspekte konstruiert hat, hat sie ihre verändernde Aufgabe erfüllt: Was bleibt, ist eine andere Arbeit, eine andere Wohnung, andere Freunde, andere Kinder. Wer sich ein-, zwei-, dreimal scheiden läßt und wieder heiratet, findet oft eine zur vorhergehenden nur unwesentlich veränderte Situation vor. Es liegt an ihm und der geliebten Person, daß es so ist, und es hat nichts mit dem Willen zu tun, daß die Welt glänzt und immer wieder neu entsteht. Die Verliebtheit erlischt. Wenn sie hingegen weiter bestehen soll, so wie wir es anfänglich beschrieben haben, ist es notwendig, daß der außergewöhnliche Weg auf irgendeine Art in den Alltag münden muß, daß er sich wie eine außergewöhnliche Reise durch unser alltägliches Leben ziehen muß. Eine gemeinsame Reise durch harte Bewährungsproben, Seite an Seite, Entdeckungen und Gegenüberstellungen, ständige Neuinterpretation der Welt, ständiges Prüfen der Vergangenheit. Für manchen mag es Kampf und Poesie bedeuten. Für andere einfach nur die Fähigkeit sich zu wundern, über sich selbst und die Welt, und nicht laufend nach Dingen zu suchen, die Sicherheit geben und bereits bekannt sind, sondern nach Dingen, die schön, kreativ und neu sind. Die äußerliche Reise bietet also nur Anhaltspunkte, sie ist das Instrument für die Reise im Inneren; aber auch die innere Reise ist eine dauernde Stimulanz für die äußerliche Reise. In dieser Situation bleibt die Verliebtheit bestehen, denn der Entstehungszustand beginnt immer wieder neu. Es ist ein stetes Wiedersehen, Wiederentdecken, Wiedererneuern, eine Suche nach der Herausforderung und Gelegenheit. Man kann sich auch in die gleiche Person wieder verlieben. Um so etwas zu erleben, ist es allerdings notwendig, daß die Initiative von beiden ausgeht. Wenn einer der beiden passiv ist, wenn einer wartet, daß der andere irgendwelche Dinge erfindet, wenn er nicht den Mut hat, Vorschläge zu machen, oder, einfacher, wenn er nicht von den gegebenen Gelegenheiten profitiert und »Gelegenheiten« sucht, unterliegt jede Veränderung sofort der Diktatur des Alltäglichen und der Vorbehalte. Andererseits, wenn einer der beiden, gleichgültig wie kreativ er ist, seine Wahl immer in den gewohnten Gleisen trifft – zum Beispiel immer eine bestimmte Art von Arbeit wählt, die ihn gefangenhält, Kinder, kranke Eltern, die gepflegt werden müssen usw. – können sämtliche Versuche des anderen nur scheitern und Frustrationen hervorrufen.

Ich glaube nicht, daß aus all dem eine praktische Regel des Verhaltens entstehen kann, eine »Kunst des Verliebtbleibens«. All diese Regeln sind Instrumente des Selbstbetrugs und der Täuschung. Das Leben schafft den Entstehungszustand, das Leben schafft die Begegnung, das Leben schafft die Bewährungsproben, das Leben schafft die Gelegenheit, und das Leben nimmt sie alle. Wir bewegen uns in diesem großen Fluß des Lebens wie ein kleines Boot im Sturm. Wir machen weder die Wellen noch können wir sie kleiner und weniger gefährlich machen.

Das Meer zu befahren mag uns schwerfallen, es kann sein, daß wir es vermeiden, oder daß es uns gleichgültig ist, auf welche Art wir am Ufer ankommen oder ob wir nicht ankommen, ob uns das Ankommen freut, oder ob wir lieber nicht ankommen. Wahrscheinlich ist es wichtiger zu wissen, um was es geht, um unsere Wahl zu treffen, von Mal zu Mal wissend um unsere Humanität, als die Kunst des Lebens oder des Verliebtseins beherrschen zu wollen.

NEUNZEHNTES KAPITEL

Dies ist ein Buch über die Verliebtheit und nicht über die Liebe. Um aber die Verliebtheit wirklich zu verstehen, muß man auch etwas über die Liebe, diese stabilere, dauerhaftere Verbindung sagen, die auf der Verliebtheit, als Träger von Vorstellungen, basiert. Der Entstehungszustand ist bestrebt, Institution zu werden, und die Institution hat im Grunde folgende Funktion: Sie beteuert, sie unterstreicht, daß im Entstehungszustand alles zwar symbolisch realisiert sei, daß aber alles im Grunde auch praktisch realisierbar sei. In der Oktoberrevolution wurde symbolisch die totale Befreiung durchgeführt, die klassenlose Gesellschaft, die Humanität der Gleichheit. Wahr war, daß das Plenum des Zentralkomitees über die Einstimmigkeit entschied, wahr war, daß Wahlen nur deshalb abgehalten wurden, um zu zeigen, daß es keine Uneinigkeit gab. Allerdings war das, was realisiert wurde, nicht der Kommunismus, sondern die Diktatur des Proletariats, eine Etappe hin zum Kommunismus, so daß es auch damals noch galt, alles zu verwirklichen. Auch die Institution, die die beiden Ebenen Symbolik – Praktik trennt, erklärt, daß sie den Kern der Ereignisse in sich schließe. Im Herzen der Institutionen gibt es Kategorien des Entstehungszustandes, praktische Verwirklichungen symbolisch verwirklicht – die aber immer wieder in eine weite Zukunft verschoben werden, wie der Tag des Jüngsten Gerichts im Christentum. Aber auf der Ebene der Symbolik wird der Entstehungszustand als realisiert erklärt, die Symbole und Riten behaupten, ihn zu reaktivieren und wiederzubeleben. Das liturgische Jahr hat keinen anderen Sinn als Symbol der Ewigkeit zu sein, ihrer heiligen Wechselfolgen, bei denen die Menschen eingeladen sind mitzumachen. Aber die Institutionen leben nicht nur in den Riten, sondern auch in den Seelen der Menschen. Diese aber sind es, die die ursprünglichen Werte reaktivieren und unsere Zeit aufteilen in bedeutungsvolle, wertvolle Zeit und bedeutungslose.

Das, was wir alltägliches Leben nannten, ist daher reich an Momenten, in denen manches entdeckt wird, manches wieder erscheint. Nicht wie die ewige Wiederkehr von bereits Bekanntem, sondern wie die Wiederentdeckung von etwas, was ist. Um eine Brücke zwischen der Verliebtheit und diesen Dingen zu schlagen, ohne ein anderes Buch zu schreiben, benutze ich eine Abkürzung, indem ich über eine Erfahrung spreche, die bereits im Zusammenhang mit der Verliebtheit behandelt wurde: die Gnade. Um zu vereinfachen, beschränke ich mich auf vier Beispiele. Wann sprechen wir von einer unechten Beziehung? Wir bezeichnen eine Beziehung dann als unecht, wenn die eine Person für die andere nur ein Mittel ist, um etwas zu erreichen, um Dinge zu bekommen. Wenn sich zwischen uns und die Dinge, die wir uns wünschen, ein Hindernis legt und wir den anderen brauchen, um diese Dinge zu bekommen, dann hat der andere eine Macht über uns, die wir beeinflussen müssen. Wir würden gerne ohne ihn auskommen, in jedem Augenblick wünschten wir, nicht abhängig zu sein. Wenn wir es dann erreicht haben, ihn nicht mehr brauchen, vergessen wir ihn; für uns hört er auf zu existieren. Viele unserer Arbeitsbeziehungen sind dieser Art, fast alle. Die Geschenke und guten Wünsche sind, wenn wir ehrlich sind, scheinheilig und schmeichlerisch. Scheinheilig deshalb, weil sie versuchen zu sagen: »Dieses Geschenk bedeutet, daß ich dich anerkenne, daß ich dich gerne mag«, während wir in Wirklichkeit denken: »Ich brauche dich, ich muß dich mir gewogen halten.« Schmeichlerisch deshalb, weil dieses Geschenk eine Macht, und sei sie auch noch so klein, über uns anerkennt. Die Geschenke steigen wie Weihrauch zu den Mächtigen in die Höhe: Je mehr Glückwünsche und Geschenke jemand erhält, desto mächtiger ist er. Es ist eine Art Zehnt, den die Schwachen sich zugunsten der Mächtigen auferlegen. Die Unzahl von Ansichtskarten, Briefen, Telegrammen und Paketen sind ein lebendiges Zeugnis für die Macht der Gesellschaft. Wenn die Macht wechselt, wechselt alles. Schon im nächsten Jahr bekommen viele nichts mehr. Ihre Macht ist vergangen, sie werden vergessen. Bereits das Geschenk heute bedeutet: »Ich möchte dich vergessen können, dich ignorieren, dich aus meinem Leben streichen, aber ich kann nicht, ich muß genau das Gegenteil tun ... Aber eines Tages werde ich dich nicht mehr brauchen und ich werde dich in das Nichts zurückstoßen, aus dem du nie hättest herauskommen dürfen.« Dies alles ist der Ursprung der Unehrlichkeit.

Gaben und Geschenke sind für etwas bestimmt und werden zu etwas anderem, sie sollten ein Zeichen der Liebe sein, statt dessen zelebriert sich in ihnen Schmeichelei. So entsteht Unmut, Unwohlsein und das Gefühl von Unechtheit. Auch die Feste, die wir feiern, bedeuten etwas anderes, sonst würden wir uns auf ihnen nicht so unwohl fühlen. Sie erscheinen uns unecht, aber das heißt, daß wir im Grunde wissen, was echt ist, wie es sein sollte. Aber es gibt noch eine andere Art von Gaben und Geschenken. Es sind die, die wir den Menschen machen, die wir wirklich lieben. Unseren Eltern, unseren Kindern, dem Ehemann oder der Ehefrau, unseren Geschwistern, manchen Freunden, manchmal sogar Menschen, die Macht über uns haben, die wir aber mögen und von denen wir wünschen, daß sie auch uns mögen. Gegenüber denen, die wir gern haben, sind unsere Geschenke keine sterilen Gaben: Es sind Zeugnisse einer Beziehung, die unauflösbar ist. In diesem Fall heißt es wirklich: »Ich mag dich, ich werde dich immer mögen, auch wenn es nicht so scheint, auch wenn ich mich nicht so gezeigt habe, wie ich es hätte müssen. Ich habe dich nicht vergessen.« In Wirklichkeit aber vergessen wir. Wir vergessen für Monate, für Jahre. Wir vergessen unsere Eltern, wir vergessen unseren Ehemann oder unsere Ehefrau, wir vergessen die Kinder, wir vergessen vor allem die, die uns fern sind, manchmal aber auch die, die uns nahe sind. Die Menschen, die wir mögen, sind in Wirklichkeit nicht Objekt einer kontinuierlichen Beziehung.

Wir begegnen ihnen punktuell, manchmal beinahe so selten wie einem fernen Freund. Wenn sie nah sind, wenn sie mit uns leben, zwingen sie sich uns auf, weil sie da sind. Wir haben nicht dauernd das Bedürfnis nach ihnen, wir tun, was wir tun, aus Gewohnheit, aus Pflichtbewußtsein, manchmal beklagen wir uns. Wir sind an sie gebunden, aber wir gehen das Risiko ein, sie zu verlieren: wenn sie krank sind, wenn sie nicht nach Hause kommen, wenn sie sterben. Dann bekommen wir Angst und entdecken, daß sie lebenswichtig sind. Wir entdecken, daß sie einen großen Wert haben, einen Wert, demgegenüber alles andere seine Wichtigkeit verliert und sie werden – um einen philosophischen Begriff zu benutzen – zu etwas Wesentlichem. Aber ihr Wert, ihre existentielle Wichtigkeit manifestiert sich für uns nur in Momenten, in denen wir sie verlieren könnten, in der Angst, sie zu verlieren.

In diesen Augenblicken ist die Welt zweigeteilt: auf der einen Seite sie und auf der anderen die Macht, die sie uns entziehen kann. Sie sind wichtig für uns, nicht für die Macht, die sie uns nimmt. Für den Mörder, für die Krankheit, für den Tod haben sie keinerlei Wert.

Diesen Menschen, die wir lieben, können wir nicht einfach irgendwelche Geschenke machen: Wir müssen Geschenke machen, die richtig sind für sie, etwas, was ihnen wirklich Freude macht, etwas, was ihre Individualität anspricht, etwas, was die Substanz ihres Seins bereichert. Hier schenken wir, um zu nähren, um zu stärken, um stark und fröhlich zu machen gegen die Schatten des Nicht-Seins: nicht nur gegen Krankheit und Tod, sondern auch gegen Gleichgültigkeit und Vergeßlichkeit, gegen unsere eigene Vergeßlichkeit. Dann gibt es noch eine dritte Sorte von Geschenken, die Geschenke der Verliebtheit. Wie merken wir, daß wir verliebt sind? Weil wir uns aufs neue verlieben, weil wir uns immer wieder in die gleiche Person verlieben. Wenn wir verliebt sind, gibt es Perioden, in denen wir den Eindruck haben, daß uns diese Person vollkommen gleichgültig ist. Wir wollen ohne sie auskommen, wir trennen uns von ihr und sagen zu uns selbst: »Es war eine Schwärmerei, jetzt ist es vorbei, was interessiert mich dieser Unglücksmensch oder dieser Pechvogel, nichts, ich bin frei.« Es kann sein, daß wir ihm begegnen und er ist nichtssagend, er ist uns gleichgültig, wir fragen uns, was wir nur an ihm gefunden hatten. Dann, eines Tages, begegnet er uns wieder einmal. Das uns gleichgültige Gesicht wird zum einzigen Gesicht, die Stimme zur einzigen Stimme, die wir hören wollen; seine Abwesenheit wird unerträglich, seine Anwesenheit eine nicht endende Freude. Alles an ihm berührt uns, alles an ihm ist Sehnsucht und Befriedigung. Es ist der außergewöhnliche Eros, der Wille, der sein Objekt findet. Wir schauen ihn an, und es scheint uns unglaublich, daß er uns gehört, weil es unwahrscheinlich scheint, alles zu haben, was wir je gewünscht haben: die ganze Fülle eines Wesens, das Ja zu uns sagt.

In diesem Augenblick gibt es nichts Negatives mehr: Das geliebte Wesen erfüllt das ganze Bewußtsein und macht uns glücklich. Dann, nach Stunden oder Tagen, löst sich der Zauber, wie wenn alles eine Illusion gewesen wäre, und unser alltägliches Ich kommt wieder zum Vorschein, unsere alltägliche Welt.

Sind wir wirklich verliebt, fragen wir uns? Aber das Außergewöhnliche erscheint wieder. Erscheint immer wieder neu und immer wieder anders, bietet sich als einziges Objekt dem Willen an. Was bedeutet in diesem Fall ein Geschenk?

Wenn wir verliebt sind, möchten wir alles verschenken, und alles scheint uns nicht ausreichend. Das Beste in uns wollen wir schenken, was den meisten Wert in uns hat, und wir hoffen, daß es vom Geliebten so angenommen wird. Wir machen Geschenke in der Hoffnung, von ihm (oder ihr) so gesehen zu werden, wie er (oder sie) von uns gesehen wird und wir von ihm (oder ihr) angenommen werden möchten, damit wir Frieden finden. Das Geschenk ist eine Möglichkeit, sich symbolisch dem anderen zu übergeben.

Ich sprach von der Verliebtheit im engsten Sinne,

aber wahrscheinlich stellt sich auch die Liebe in ähnlicher Art dar: sich immer wieder in die gleiche Person zu verlieben. Ein Beispiel ist die Liebe der Mutter (oder des Vaters) für das Kind oder die des Kindes für die Mutter, die da ist, wenn es weint, weil es sie braucht, weil es immer in Gefahr sein kann. Manchmal, wenn die Mutter das Kind ansieht, scheint es das Ziel aller Wünsche, aller Sehnsüchte, es scheint das Ziel all der unendlichen Zärtlichkeit zu sein, es ist eine Verwirklichung der eigenen Person. Die Mutter verliebt sich immer wieder aufs neue in ihr Kind. Nicht nur, wenn es klein ist, sondern auch, wenn es groß und erwachsen ist. Manchmal, in gewissen Momenten, sieht sie es, schaut es mit erstaunten und begeisterten Augen an und freut sich, daß es dieses Kind gibt. Die Verliebtheit bedankt sich beim anderen, daß es ihn gibt. Sieht sie ihr erwachsenes Kind, ist sie nicht traurig, daß sie das kleine Kind verloren hat. Sie sieht das große Kind, wie sie das kleine gesehen hat, sie sieht es und verliebt sich in das, was es jetzt ist.

Jedesmal entdeckt sie, was war und was sein wird in dem was jetzt ist. Es ist ein Wiedererleben der Leidenschaft, es ist »wie am ersten Tag«. Jeder Mensch, auch der Ärmste, hat diese Gabe, die seiner Existenz einen Grund gibt, eine Verankerung in etwas, was für sich einen Wert hat, und was immer wiedergefunden wird. Wer diese Hoffnung, immer »wiederzufinden«, verliert, stirbt.

Aber wahrscheinlich – ich sage wahrscheinlich, weil die gesamte Kinderpsychologie sich darüber ausschweigt – ist die ganze Kindheit auf dieser Erfahrung aufgebaut. Ein Kind bittet, widersetzt sich, wird selbständig, aber von einem Augenblick zum anderen möchte es auf den Arm genommen, umarmt und gestreichelt werden; abends zum Einschlafen möchte es jemanden neben sich haben, ein Kuß macht es glücklich und zufrieden. Wahrscheinlich verliebt es sich jedesmal, und wahrscheinlich macht es jedesmal – und das eine Unmenge von Malen – die erstaunliche und unendlich bereichernde Erfahrung eines Menschen, der Ja sagt. Es löst sich von diesem Menschen, um selbständig zu werden, aber immer wieder sucht es ihn, begegnet ihm, um ihn jedesmal neu zu entdecken und versichert zu werden. Mit diesem »Zement« wird das Selbstvertrauen aufgebaut und die Fähigkeit, in dieser Welt zu leben. In diesem letzten Fall, wenn die Mutter oder der Vater dem Kind etwas schenken, schenken sie, wie in der Verliebtheit, ein Teil von sich, sie schenken, um dem Kind Kraft zum »Sein« zu geben. Aber auch das Kind macht Geschenke. Nicht die Blumen, die es der Mutter schenkt. Es schenkt die Worte, die sich in ihm formen und die es dann, zu einem bestimmten Zeitpunkt, sagt: Mit seinen Worten baut es eine Türe, ein Haus, ein Schloß, in das der Erwachsene eintreten kann, denn das Haus ist für ihn. Ein Haus, das ihn einlädt, etwas mit dem Kind zusammen, etwas Gemeinsames zu tun. Die Worte des Kindes sind der erste Liebesgesang, sie sind eine wirklich große Poesie, gleichzeitig sind sie ein gemeinsames Tun, Seite an Seite.

ZWANZIGSTES KAPITEL

Dieses Buch wird drei Kategorien von Menschen unbefriedigt lassen: die utilitaristisch-pragmatischen; diejenigen, die ideologischen Systemen wie zum Beispiel dem Katholizismus, Islam oder dem Marxismus anhängen; und die, die an heterosexuellen Beziehungen etwas auszusetzen haben, wie zum Beispiel viele Feministinnen.

Für die ersteren, diejenigen, die sich im utilitaristisch-pragmatischen Bereich bewegen, sind alle Überlegungen in diesem Buch im Grunde uneinsichtig, da es von der Annahme ausgeht, daß es einen Bereich, den der Verliebtheit, gibt, in dem die metaphysische Unterscheidung zwischen Wesentlichkeit und Zufälligkeit stattfindet. Dies ist eine Unterscheidung, die in der Philosophie häufig gemacht wird: Idee und Ding (Plato), Form und Materie (Aristoteles), Substanz und Akzidens (Thomas von Aquino), Substanz und Subjekt (Hegel), Klasse für sich und Klasse in sich (Marx). Diese Unterscheidungen sind dem utilitaristischen Denken fremd. Nehmen wir als typischstes Beispiel die Wirtschaftswissenschaft. Die Ökonomie als Wissenschaft ist nur dann möglich, wenn die Dinge vergleichbar und austauschbar sind, sie hat nichts mit absoluten Werten zu tun, sondern nur mit Interessen. Auch ein großer Teil der Soziologie und der Psychologie haben ihren Ursprung im Utilitaristischen. Folglich fehlt ihnen das Instrumentarium, um bestimmte Arten von Phänomenen wie das Spezifische, die Spontaneität und vielleicht sogar die Existenz selbst untersuchen zu können, was zur Folge hat, daß sie diese Phänomene negieren. Diese Art zu denken ist aber nicht nur den Sozialwissenschaftlern eigen. Auch in unserem täglichen Leben gehen wir mit den Termini der Nützlichkeit, des Interesses, der Mittel, der Vor- und Nachteile um.

Man könnte sogar sagen, daß der Utilitarismus eine Denkart gerade des täglichen Lebens ist. Wir sagten bereits, daß Enthusiasmus und Leidenschaft vom utilitaristischen Standpunkt aus als irrational angesehen werden, der Utilitarist wehrt sich dagegen, er will davon nicht gestört werden. Alles ist logisch, alles ist verständlich. Nur, wenn wir die Verliebtheit verstehen wollen, müssen wir uns klar darüber sein, daß sie diese Art des täglichen Denkens transzendiert. Daher kann sie auch nicht in diesen Kategorien erklärt werden. Wesentlich komplexer wird das Gespräch, wenn man Christentum, Islam und Marxismus mit hinzunimmt. Dies sind, technisch gesehen, kulturelle Zivilisationen. Es sind institutionalisierte Mächte, die durch eine Bewegung entstanden sind. Ein Typus von Institution entstand, dessen Eigenschaft es ist, die Bewegungen zu absorbieren und ihnen ihre Sprache und ihre Symbole zu geben. Während des mittelalterlichen Christentums wurden zum Beispiel alle Revolten, alle religiösen Erfahrungen, alle kulturellen Bewegungen in christlichen Termini ausgedrückt. Jede Bewegung war, um sich verständlich zu machen, gezwungen, das Christentum als Basis zu benutzen; die Passion und der Tod Jesu Christi, die Sakramente, das Priestertum, die Orthodoxie oder die Heterodoxie usw. Mit anderen Worten, eine kulturelle Zivilisation bietet Modelle an, in deren Rahmen sowohl die gewöhnlichen als auch die ungewöhnlichen Erfahrungen interpretiert werden müssen, sonst bleiben sie stumm, weil es für sie sonst keine Sprache gibt. Was wir für das Christentum gesagt haben, gilt auch für den Islam. Im Bereich dieser Zivilisation benutzen alle Bewegungen die Sprache des Islam. Auch dem Entstehungszustand zu zweit, der Verliebtheit, zwingt die Zivilisation ihre Sprache und ihre Institution auf. In einer christlichen Ehe, zum Beispiel, gibt es keine Unterscheidung zwischen Verliebtheit, Liebe, Mögen und Sexualität. Das Sakrament der Ehe impliziert alle diese Dinge. Vor allem aber versucht es, zwei Dinge abzusichern: das Sich-mögen (das Bündnis) und die Sexualität (die Reproduktion); was übrigbleibt, hat keinen besonderen Wert.

Dies hat bis in unsere Tage seine Gültigkeit. In manchen europäischen Sprachen, wie zum Beispiel im Französischen und Englischen, gibt es nicht einmal den Begriff »Verliebtheit«. Sie benutzen das

Wort »fallen« (tomber, fall). In der altprovenzalischen Sprache existierte noch ein Wort (adamare), aber durch die katharische Lehre verschwand es. Das Christentum macht dagegen einen Unterschied zwischen der Liebe zum Menschen und der Liebe zu Gott (adorare = verehren).

Die Verliebtheit, so wie wir sie beschrieben haben, wäre in den Augen der Kirchenväter eine sträfliche Verirrung oder gar ein Fall von Götzendienst. Andere Beispiele: Die »Gnade« ist für das Christentum ein göttlicher Eingriff, in unserer Untersuchung ist es eine menschliche Erfahrung. Alle theologischen Kategorien, die wir benutzten, wären für den Christen in diesem Zusammenhang unzulässig. Ich möchte aber die Behauptung aufstellen, daß dies die Sprache ist, die die Zivilisation der christlichen Kultur dem Entstehungszustand gab. Wenn wir verliebt sind, ist es oft die einzige Sprache, die wir besitzen.

Viele Aspekte hat der Marxismus mit dem Katholizismus und dem Islam gemeinsam. Auch der Marxismus entsteht aus einer Bewegung und wächst, indem er Bewegungen absorbiert. In seinem Zentrum existiert die Erfahrung des Entstehungszustandes (Aufhebung der Entfremdung, Kommunismus, Geschichtslosigkeit usw.). Auch er gibt seine Sprache an alle revolutionären Bewegungen, und diejenigen, die diese Sprache nicht übernehmen, verlieren die Fähigkeit, sich auszudrücken. Für den Marxismus jedoch ist das Subjekt die Klasse. Die Klasse macht eine Transsubstantiation durch (das heißt in unseren Termini Entstehungszustand), nämlich den Übergang von der Klasse in sich zur Klasse für sich. Daher gibt es für den Marxismus keine andere Möglichkeit der Kollektivbewegung als die der Klasse. Und wenn eine Kollektivbewegung entsteht, die nicht in der Klasse stattfindet, die sich nicht über die Klasse definieren kann, lehnt er ihre Existenz und Wichtigkeit ab, und weigert sich, sie in die gleiche Kategorie wie die anderen Bewegungen einzuordnen. Vom marxistischen Gesichtspunkt aus sind die religiösen Kollektivbewegungen Übergriffe auf das Bewußtsein, Ausnutzung und Beraubung.

Solange man nicht Klassenbewußtsein und das internationale Proletariat erreicht hat, bedeutet das, daß unser Bewußtsein immer nur falsches, prähistorisches Bewußtsein sein kann. Da die Verliebtheit nichts mit Klassenbewußtsein zu tun hat, und unter Umständen Personen verbindet, die zwei verschiedenen Klassen angehören, da sie etwas Irrationales und Privates ist, nicht wissenschaftlich erforschbar, darf sie nicht existieren. Da sie die Eigenschaften einer Bewegung hat, aber nicht in die Klasse zurückgeführt werden kann, wird das Thema der Verliebtheit als bürgerliches oder gar reaktionäres Thema gebrandmarkt. Nicht, daß Marx, Lenin oder Mao Tse-tung sich nicht, genau wie alle anderen, verliebt hätten. Aber diese Dimension ihres Lebens ist abgetrennt vom Öffentlichen, sie wird als private Dimension gesehen, sie ist ohne Wert, im Höchstfall ist sie nebensächlich. Wenden wir uns dem Feminismus zu. Auch dies ist eine Bewegung, die wie alle westlichen Bewegungen auf dem Entstehungszustand mit seinen charakteristischen Erfahrungen basiert (Trennung von Existentiellem und Nichtexistentiellem, Authentizität, Selbstbewußtsein, Vergeschichtlichung – also mystische Zeit, Prähistorie, Entstehung des Feminismus, endgültige Befreiung der Frau – Kommunismus, Gleichheit usw.). Der Bruch besteht zwischen den Geschlechtern. Das »Wir« des Feminismus gilt für Frauen, nicht für Männer. Auch der Feminismus trennt, wie jede Bewegung, das, was vereint war: Er vereint die Frauen und trennt sie von den Männern. Die bisexuelle Verliebtheit trennt dagegen einen Mann und eine Frau von etwas anderem (Familie, Verwandtschaft, Klasse usw.) und vereint sie. Daher kann die feministische Bewegung, vor allem in der Phase des Entstehungszustandes, die Verliebtheit nur angreifen und ad absurdum führen. Denn wie kann man jemanden als wertvoll betrachten, der einen zum Sklaven macht, jemanden, der durch die gesamte Geschichte hindurch der Unterdrücker der Frau gewesen ist, der ihre Art zu denken, zu fühlen und zu handeln vergewaltigt hat? Der Feminismus hat das Paar gespalten, um den Mythos der feministischen Solidarität zu kreieren, hat die Verliebtheit attackiert und »demystifiziert«.

Der Feminismus hat den Mann allerdings nicht verfolgt, er hat ihn nicht zu etwas gemacht, was zerstört oder entfernt werden muß, wie zum Beispiel der Marxismus dies mit der Bourgeoisie plant. Der Feminismus ist eine ethische Bewegung, die die Welt verändern will, indem sie die Individuen überzeugt und nicht zerstört. Das hat zur Folge, daß er viele Aspekte der Verliebtheit übernimmt und studiert. Andererseits, gerade weil er eine Distanz zwischen Mann und Frau aufrichtete, indem er die Frauen selbständiger, bewußter, stärker gemacht hat, entstand die Spannung zwischen den Verschiedenheiten, die die Existenz der Verliebtheit ausmacht. Der reife Feminismus hat die Frauen vor allem gelehrt, sich gegen die moralische Versklavung, die in der Verliebtheit stattfinden kann, zu wehren.

Er hat sie zum Beispiel gelehrt, eine reale Parität zu wollen, und nicht nur eine, die in melodramatischer Art deklariert wird; er hat sie gelehrt, daß sie Dingen, wie zum Beispiel der Jungfräulichkeit, weniger Bedeutung zumessen, er hat viele rhetorische Unechtheit in der Verliebtheit eingerissen. Wahrscheinlich hat gerade der feministische Reifungsprozeß die kulturellen Bedingungen geschaffen, das Phänomen der Verliebtheit bis auf den Grund zu prüfen, indem er es aus dem Bereich der Unaussprechlichkeit und der Mißachtung herausgenommen hat. Prüfen wir nun die Dinge von einem anderen Gesichtspunkt aus: Utilitarismus, Christentum und Marxismus sind drei reale geschichtliche Mächte, die in unserer Gesellschaft agiert haben und agieren, indem sie die Systeme, in die wir die Welt gefügt sehen, und nach denen wir sie interpretieren, gründeten. Jede dieser Mächte stiftete, um einen Begriff von Foucault zu benutzen, eine Epistemologie, eine Erkenntnistheorie, die einen bestimmten historischen Zeitraum lang Gültigkeit hat, innerhalb derer wir entscheiden, denken, und vor allem sprechen können. Nur wer so spricht, daß das Gesagte mit dem konform geht was an Strukturen vorgegeben ist – beobachtet Foucault – kann an einer Unterhaltung teilnehmen, kann das Wort ergreifen.

In unserer Epoche also gäbe es Wissen über die Verliebtheit allein innerhalb des utilitaristischen, christlichen oder marxistischen Systems. Aber das ist nicht so. In diesen Bereichen existiert sie nicht, man kann nicht über sie sprechen. Welche Sprache wird der Verliebtheit dann zugestanden? Die der großen Poesie, oder die der minderwertigen Literatur, die der Leserbriefkästen, der Groschen-Romane, der Foto-Romane. Sprachlos im wissenschaftlichen, religiösen und ideologischen Bereich, hat der Entstehungszustand der Verliebtheit nur zwei sprachliche Bereiche zur Verfügung: das Sublime, Unaussprechliche oder den ungeheuren Sprung ins Vulgäre, Gewöhnliche, Lächerliche und Abwertende. Diese Unfähigkeit, die richtigen Worte zu finden, gibt es nicht nur bei ungebildeten Personen, sie ist eine Tatsache, die unser aller Leben prägt. Da uns die Sprache fehlt, haben wir keine Möglichkeit, das zu denken, was wir fühlen, darüber nachzudenken, was wir fühlen, darüber zu reden, was wir fühlen, sich mit anderen zu verständigen. In die Sprachlosigkeit gedrängt, fühlt sich die verliebte Person als Fremde in der Kultur, in der sie lebt, sie hat den Eindruck, daß ihre Erfahrung völlig privat und nicht allgemeingültig ist. Je mehr sie Definitionen, Leerformeln und unpassende Erklärungen benutzt, die immer etwas ausdrücken, was sie nicht meint (ideologisch, politisch oder religiös), je mehr sie für sich selbst Klarheit will, desto mehr Verwirrung entsteht, je mehr sie ihre Probleme zu lösen versucht, um so komplizierter werden sie, je mehr Rat sie von Experten einholt, desto verwirrender wird alles. Man könnte sagen, daß die offizielle Kultur, gleichgültig ob politisch, wissenschaftlich oder religiös, den Entstehungszustand der Verliebtheit »unterdrückt«, und etwas daraus macht, wofür es keine Worte gibt. So gesehen verdrängt auch die Psychoanalyse die Verliebtheit, indem sie die Sexualität aufwertet, indem sie alle Erfahrungen auf sexuelle Veränderungen reduziert. Vergleicht man unser Jahrhundert mit dem vergangenen, so hat sich der Prozeß der Verdrängung umgekehrt. Im 19. Jahrhundert diente die Sprache der romantischen Liebe dazu, die Sexualität zu verdrängen, heute passiert das Gegenteil: Die Sexualität, die Diskussionen, die sich um Sexualität und um sexuelle Praktiken entfachen, haben eine bezeichnende Funktion: Sie verdecken die Wünsche, die Formen, in denen sich der Eros außer in der Sexualität manifestiert. Konformismus und Verdrängung gibt es nach wie vor, sie treten nur in anderem Gewand auf.

EINUNDZWANZIGSTES KAPITEL

Ist Verliebtheit gleichzusetzen mit unsozialem Verhalten? Ziehen sich Verliebte in einen Privatbereich zurück, distanzieren sie sich von öffentlichen und politischen Verpflichtungen? Das ist eine typische Idee der repressiven Kultur, von der wir sprachen; eine wirre Idee, die immer wieder auftaucht, für die es aber nicht die geringste Grundlage gibt, nicht den kleinsten Beweis. Alle großen politischen Bewegungen werden, auf allen Ebenen, von Menschen mitinitiiert und mitgetragen, die sich lieben. In der großen Kollektivbewegung der nationalen Befreiung im Europa des 19. Jahrhunderts bedeutete die Bezeichnung »romantisch« eine politische Orientierung, eine literarische Orientierung und eine Art der Verliebtheit. Aber auch nach dieser Zeit finden wir immer wieder verliebte Paare. Zum Beispiel im anarcho-mazzinischen Ambiente: Es genügt, an Anita und Giuseppe Garibaldi zu denken. In der marxistischen Bewegung sind die Dinge nicht anders.

Schon allein diese Tatsachen beweisen, daß die These, die Liebe sei egoistisch und schließe politisches Engagement aus, falsch ist. Im Gegenteil: Wenn man überlegt, was eine Verliebtheit verlängern kann (oder einer Liebe die Frische der Verliebtheit erhält), so gibt es keine idealeren Bedingungen als ein aktives, abenteuerliches Leben, ein kämpferisches Leben Seite an Seite. Vertiefen wir mit dem, was wir uns inzwischen erarbeitet haben, das Argument noch ein wenig weiter.

Die Verliebtheit entsteht, wie jede andere Bewegung, individuell, aus einer überhandnehmenden Depression. Diese Depression entwickelt sich aus der wachsenden Ambivalenz einem Objekt oder Partner gegenüber – individuell oder kollektiv. Dieser Partner wurde zuerst akzeptiert und geliebt, langsam aber sicher enttäuscht er jedoch, er wird der Situation nicht gerecht, die Entwicklung der geschichtlichen und lebendigen Kräfte (marxistisch gesprochen der Produktivkräfte) überrollt ihn. In dieser Situation entdecken wir Alternativen. Nicht nur individuelle Alternativen (eine andere Person), sondern vor allem ideale kollektive Alternativen (eine andere Art zu leben). Das, was wir als Vorbereitung zur Verliebtheit beschrieben haben, ist eine Vorbereitung auf eine andere Art zu sehen, zu hören, zu denken, zu handeln und zusammenzusein. An diesem Punkt ist es möglich, daß die Person, die ein intensiveres Leben sucht, eine echte Solidarität, einer anderen Person begegnet, die sich in der gleichen Situation befindet, so daß sie in einen Entstehungszustand eintreten. Wenn die gesellschaftlichen Bedingungen allerdings entsprechend sind, wenn es zum Beispiel ethnische, religiöse, nationale oder Klassenkonflikte gibt, wenn in vielen tausend Menschen das Bedürfnis nach einer neuen Solidarität, einer neuen Gerechtigkeit lebt, dann erscheint ein Entstehungszustand in der Gruppe, eine Kollektivbewegung, ob religiös, politisch oder als Klassenkampf, und das Individuum erkennt sich darin wieder. Natürlich geschieht das alles nicht, wenn die Zeit nicht reif ist für eine solche Kollektivbewegung.

Das verliebte Paar kann sehr gut in eine Bewegung eintreten: Es tritt als Einheit ein. Es kommt sogar noch etwas hinzu. Da die Kategorien des Entstehungszustandes weitgehend die gleichen sind, ob es nun ein Entstehungszustand zu zweit oder eine Kollektivbewegung ist, kann die kleinere Bewegung recht einfach in der großen Bewegung aufgehen und von ihr anerkannt werden.

Das verliebte Paar erkennt sich in der Bewegung wieder und möchte sich mit ihr verbinden. An diesem Punkt kann es zu einem Problem kommen: Zwei Arten von »Exklusivität« stehen sich gegenüber. Der Entstehungszustand zu zweit bringt es mit sich, daß das Paar bereit ist, sich mit Leidenschaft einer Bewegung anzuschließen, sich aber abkapselt, was die Erotik anbelangt. Beide gehen auf die Suche nach Freundschaft, nach Solidarität, nach einer absoluten Entdeckung, aber in ihrem Innersten sind sie nicht bereit, andere Verliebte anzuerkennen. Ihrerseits versucht auch die Kollektivbewegung exklusiv zu sein. Im Laufe dieses Prozesses kann sich eine Ideologie entwickeln, in der der »Kommunismus« sich auf die Sexualität ausdehnt. Diese Idee kann auch von den Verliebten selbst ausgehen, die den Wunsch fühlen, die anderen an ihrem Glück teilhaben zu lassen, oder noch einfacher, die nicht jemandem anderen weh tun möchten. Wir haben ein Beispiel dieser Situation in dem Buch »Was tun?« von Černyševskij. Wie auch immer die Dinge sich abspielen, an einem bestimmten Punkt stehen sich die beiden alternativen Projekte gegenüber und die Begegnung präsentiert sich auch dieses Mal als Dilemma. Die weitere Entwicklung hängt davon ab, wo die Punkte ohne Wiederkehr gesetzt werden. In manchen Gruppen empfindet man die exklusive Liebe eines Paares als großes Hindernis für einen totalen Kommunismus. In anderen Kollektivbewegungen wird sie hingegen als Recht der Individuen akzeptiert. Um ein Beispiel zu nennen: Während der Reformation wurde das Paar sowohl von den Lutheranern als auch von den Calvinisten akzeptiert. Hingegen wurde von den Wiedertäufern von Münster die Gemeinsamkeit der Geschlechter verboten. Bei einem großen Teil der anarchistischen Gruppen in Italien und Andalusien wurde das Paar akzeptiert, in einigen Gruppen des russischen Nihilismus nicht, usw. Es ist eine Tatsache, daß man sich häufig in Mitglieder der gleichen Religion, der gleichen Ideologie (in Brüder, Patrioten, Kameraden) verliebt. Heißt das, daß man sich nur in die verliebt, die einem ähnlich sind, die die gleichen Ideen und die gleichen Ideale teilen? Wäre das nicht das genaue Gegenteil zu dem, was wir zuerst sagten, daß nämlich Verliebtheit immer eine Verschiedenheit verlangt, eine Überschreitung?

Um hierauf eine exakte Antwort zu geben, muß man zwei Dinge säuberlich trennen: Es ist eine Sache, wenn sich einzelne Personen in einer Bewegung zusammenschließen, und eine andere, wenn sie einer Partei, einer Kirche, einer Vereinigung beitreten. Es ist die Bewegung, die verschiedenartige Menschen zu Patrioten, Brüdern, Kameraden macht. Sie schließen sich in der Bewegung zusammen. Menschen, die zuvor getrennt waren, die ganz verschieden dachten, die verschiedene Erfahrungen hatten, »erkennen« sich im Entstehungszustand der Bewegung und entdecken da Solidarität, wo sie zuvor keine empfunden hatten. Wir wiederholen, vor der Bewegung gab es diese Solidarität, diesen Enthusiasmus und diese Gleichheit der Ideen nicht. Die Menschen waren, auch wenn sie einige Lebensumstände gemeinsam hatten, verschieden und getrennt. Daß sie sich zusammenschließen, bewirkt die Bewegung, und das Resultat dieses Prozesses – nicht sein Ausgangspunkt – ist, daß die Werte, die Ideale und die Projekte bei allen die gleichen sind. Nicht weil sie sich ähnlich sind, »erkennen« sich die Mitglieder einer Bewegung, sondern weil sie den gleichen Entstehungszustand erleben. Denken wir an die jüngste islamische Revolution, die innerhalb weniger Monate den Schah stürzte. In den Jahren davor gab es zahlreiche oppositionelle Gruppen, liberale, marxistische, terroristische und religiöse. Nur in der Bewegung der Revolution fanden sie eine gemeinsame Solidarität und eine gemeinsame Zugehörigkeit. Nur dort verringerte sich das, was sie trennte, hatten sie gemeinsame Ideale und es schien, als ob dies schon immer so gewesen sei. In Wirklichkeit ist es die Bewegung die dies zustande bringt. Es gab Verschiedenheiten, die die Bewegung ausgelöscht oder verringert hat. Im Entstehungszustand einer Bewegung verliebt man sich im allgemeinen nicht, denn die Verschiedenheiten werden von der Gruppe ausgelöscht. In einer Partei oder einer Kirche ist die Chance sich zu verlieben größer.

Um noch einmal zusammenzufassen: Wenn zwei Menschen auf der Suche sind und sich begegnen, während eine große Kollektivbewegung entsteht, verlieben sie sich, und die Verliebtheit fügt sich der Bewegung ein, indem sie ihre Ideologien und Werte anerkennt. In diesem Fall tritt das Paar als Einheit in die Bewegung ein. Der Entstehungszustand der Bewegung berührt sie nicht. Die Verliebtheit kommt öfter am Beginn der großen Bewegungen vor, oft geht sie voraus. Wenn hingegen die Personen sich einzeln der Bewegung anschließen, tendieren sie dazu, sich mit der Gruppe oder dem Anführer zu identifizieren und verlieben sich nicht auf so ausschließliche Art ineinander. Die Verliebtheit bekommt erst dann wieder Wichtigkeit, wenn sich die Bewegung in der Endphase befindet, wenn im Herzen der Teilnehmer der Bewegung die Erfahrung des

Entstehungszustandes nur noch als Heimweh und tiefe Sehnsucht überlebt, als Rest einer idealen Welt, die nicht mehr in den kollektiven Aktionen wiedergefunden werden kann. Das, was auf der kollektiven Ebene verlorengeht, kann in der Verliebtheit zu zweit wiederentdeckt werden, mit all den politischen oder religiösen oder ideologischen Werten. Die beiden verliebten Personen fühlen sich dann als kleinste Einheit einer größeren Bewegung. Um die Worte eines Liedes von Ivan della Mea zu zitieren »du und ich, wir sind eine Liga«. Die Liebe wird als Einheit in einer viel größeren Bewegung erlebt, hier der sozialistischen Bewegung. Woher stammt die Idee, daß die Verliebtheit egoistisch und in sich geschlossen sei? Sie wurde von den politischen, ideologischen oder religiösen Institutionen in die Welt gesetzt, die behaupten, es sei unabdingbar, totale Kontrolle über den einzelnen Menschen zu haben.

Viele Gruppen und viele Institutionen, die aus Bewegungen geboren wurden, verlangen vom einzelnen eine totale Hingabe an die Gruppe. Denken wir zum Beispiel an die katholischen Orden. Viele von ihnen entstanden durch Bewegungen, die sowohl von Männern als auch von Frauen gegründet wurden. In der Folge aber – als sie zur Institution wurden – wurden die Männer von den Frauen getrennt, und ein Regime des absoluten Gehorsams wurde geschaffen. Das gleiche geschieht in revolutionären oder politischen Gruppen, in denen eine eiserne Disziplin herrscht. Für diese Gruppen, die die totale Hingabe und den absoluten Gehorsam des einzelnen verlangen, ist das Paar eine Behinderung, eine Begrenzung, eine Minderung der Macht der Gruppe. Die totalitäre Gruppe fühlt sich durch den Widerstand der einzelnen geschwächt, durch diesen privaten Freiraum, der sich dem Einflußbereich der Gruppe entzieht. Vom Gesichtspunkt der Gruppe aus ist diese Abgrenzung eine Schwächung der Gruppe, ein Verlust. Deswegen wird die Verliebtheit bekämpft, sie wird als egoistisch und unwürdig bezeichnet. Dies ist der Grund des negativen Urteils, das vor allem die marxistischen Gruppen über die Verliebtheit fällen. Ideologisch wird dies untermauert, indem das Private (als etwas, das man der Gruppe vorenthält) in Beziehung gesetzt wird zum »privaten Eigentum«, zum Besitz also, der dem politischen Monopol des Staates oder der Partei entzogen wird. Natürlich handelt es sich nicht um die gleiche Sache, aber da es sich auf jeden Fall um einen Entzug monopolistischen Ansprüchen gegenüber handelt, werden die beiden Phänomene ideologisch gleichgestellt. Je totalitärer das ideologische, religiöse und politische System ist, desto stärker manifestiert sich die Feindseligkeit dem gegenüber, der sich der Macht entziehen will. Daher ist es auch feindselig gegen verliebte Paare, denn diese sind die kleinste soziale Einheit, und sie sind fähig sich zu wehren.

ZWEIUNDZWANZIGSTES KAPITEL

Ist es möglich, sich aus eigenem Willen zu entlieben? Nein. Ist es möglich, Verliebtheit bewußt zu vermeiden? Ja. Was kann der eigene Wille ausrichten, wenn man bereits verliebt ist? Man kann beschließen zu brechen, die geliebte Person nicht mehr zu sehen, sich von ihr zu entfernen. Solange die geliebte Person anwesend ist, scheint nichts leichter zu sein als das. Wenn man verliebt ist, hat man außergewöhnliche Kräfte, die einem ermöglichen, Nein zu sagen. Aber diese Kraft endet augenblicklich, wenn wir unsere Liebe verlieren: Dann tritt die Versteinerung und die Sehnsucht ein.

Es existiert jedoch ein rebellisches Wissen darum, wie man Verliebtheit vermeiden kann. Und ebenso gibt es ein Wissen, das alle Institutionen haben, denn für alle Institutionen stellt sich das Problem, die Verliebtheit zu untersagen oder ihre Wirkungen abzublocken, zumindest auf bestimmten Ebenen. Da alle Institutionen durch Kollektivbewegungen entstehen und sich wiederbeleben, haben sie als Kern etwas, was als wichtiger angesehen wird als das Individuum. Das kann die Partei, die Bewegung, die Klasse, das

Vaterland, die Kirche oder Gott sein, dieses Etwas ist – per definitionem – jedem Mann oder jeder Frau übergeordnet. Die Institution verwirft die Vergöttlichung einer beliebigen Person, und wer einer Institution angehört, hat das gelernt.

Zweitausend Jahre lang hat die katholische Kirche durch energischen Einsatz ihrer Autorität ihre Priester dazu erzogen, die himmlische Zuneigung der weltlichen unter Umgehung aller Versuchungen – sogar die Sünden der Sehnsucht müssen gebeichtet werden – vorzuziehen. Wenn Verliebtheit vermieden werden soll – schrieb Stendhal* – muß sofort gehandelt werden, in den allerersten Momenten, denn sonst kann es schon zu spät sein.

Wer sich nicht verlieben will, muß sofort den ersten Kern der Anziehung zerstören: Wenn ihm ein Mensch gefällt, muß er mit einem anderen gehen, wenn er sich dabei entdeckt, daß er zweimal hintereinander ein Haus ansieht, muß er die Stadt wechseln, wenn er bemerkt, daß es ihm gefällt, wenn man ihn bewundert, muß er etwas tun, um Mißfallen zu erregen. Ein Handbuch gegen das Sich-Verlieben würde sehr einem Lehrbuch der Askese gleichen, in dem auch die Sexualität nur die Funktion hat, unterdrückt zu werden, »die Sünde« nur existiert, um vermieden zu werden. Warum nur so viele Mühen? Was ist nur an der Verliebtheit so anziehend – wenn wir bedenken, was sie an Schlimmem mit sich bringt –, daß sie

---

* Stendhal, De l'amour, 1822

für uns eine solche Versuchung ist? Nach all dem, was wir gesagt haben, können wir eine Antwort geben. Nicht die Verliebtheit ist die Versuchung, es ist der Entstehungszustand. Wir fühlen uns von der Verliebtheit angezogen, weil wir gelernt haben, vom Entstehungszustand angezogen zu sein. Wir haben das von den Institutionen gelernt, die den Entstehungszustand, wie wir gesehen haben, in ihren Symbolen aufbewahren wie etwas, was realisierbar ist. Die wichtigsten Institutionen des Westens, von den religiösen bis hin zu den politischen, von den antiken bis zu den modernen, gründen alle auf den Kategorien des Entstehungszustandes.

Wir sind vom Entstehungszustand angezogen, weil er der Traum des Westens ist. Die antiken, vorchristlichen Mysterien erzählten vom Tod und der Wiedergeburt Gottes, die wichtigsten Feste des Christentums sind Weihnachten und Ostern. Am Ende der Zeiten wird die Auferstehung des Fleisches und das Neue Jerusalem versprochen. Der Islam, in diesem Sinn sehr westlich, lehrt, auf den Jüngsten Tag zu warten. Der Marxismus redet von Revolution, von Erneuerung, vom Ende der Geschichte. Im Dunkel der Gegenwart warten wir auf einen neuen Tag, ein neues Leben, einen neuen Frühling, eine Erlösung, einen Freiheitskampf, eine Wiedereroberung, eine Revolte. Was uns anzieht, ist immer wieder die göttliche Zeit des Ursprungs, die Vergangenheit der religiösen Mythen, die Zukunft des Marxismus, oder die Gegenwart der Verliebtheit.

Das ist die kulturelle Tradition des Westens. Aber das, was für den Westen der große Traum ist, ist für den Osten, und vor allem für die hinduistische und buddhistische Kultur, ein Alptraum der vermieden werden muß. »Die Geburt ist Schmerz, Krankheit ist Schmerz, das Alter ist Schmerz, der Tod ist Schmerz, mit jemandem zusammenzusein, den man nicht liebt, bedeutet Schmerz, von jemandem getrennt zu sein, den man liebt, bedeutet Schmerz.« So spricht Siddharta Gautama, der Erleuchtete, der Buddha, einen Gedanken auslegend, der sich bereits in hinduistischen Texten findet. Wiedergeburt bedeutet, in die Hölle des Lebens zurückzukommen, unausweichlich dem Schmerz zu begegnen. Der Entstehungszustand ist von diesem Gesichtspunkt aus gesehen die größte Illusion. Man kann nicht in den Garten Eden eintreten und dort bleiben: Man kann dort nur eintreten, um vertrieben zu werden, immer wieder, ohne Ende. Es ist eine ewig wiederkehrende Inkarnation (das Samsara) ohne Hoffnung. Inkarnation ist eine Strafe, der Wunsch nach der Wiedergeburt eine Verrücktheit. Die wirkliche Hoffnung besteht nicht darin, auf eine glückliche Wiedergeburt zu warten, sondern die Wiedergeburt abzulehnen, sie zu verhindern. Lassen wir uns nicht von den Bildern der Seelenwanderung irreführen: der Inkarnation in anderen Lebewesen, Tieren, Pflanzen, Objekten und dann auch Menschen. Der Zyklus der Wiedergeburt kann sehr gut auf das Leben eines Individuums übertragen werden: Er stirbt und wird wiedergeboren, leidet, aber hofft, in ein neues, glückliches Leben wieder hineingeboren zu werden. Aber er begegnet nur dem Schmerz. All dieses unaufhörliche Wünschen, Suchen und Nicht-Finden, kommt aus der Art, wie wir die Welt sehen, es entsteht aus den Kategorien, die wir anwenden: vor allen anderen die Kategorie des Seins. Ein Ich muß da sein, eine Seele, eine Welt, ein Gott, eine Klasse, also ein Wesen, das in der Liebe nicht ambivalent ist, sondern ein nie versiegender Brunnen des Lebens. Das östliche Denken wehrt sich gegen die Hoffnung bereits im Entstehungszustand: »Das Sein ist, und das Nicht-Sein ist nicht.« Indem es dieses Initial-Problem ablehnt, lehnt es das ganze metaphysische Denken des Abendlandes ab, dem unsere Religion, unsere Philosophie und unsere Politik entspringt.

Das Ideal einer objektiven Absolutheit, das in der Seele erst durch den Eros entsteht – eine Erfindung der Griechen –, ist für das hinduistisch-buddhistische Denken die Basis einer törichten Hoffnung: Da wir dauernd auf ein glückliches Leben hoffen, sind wir ewig zum Mißerfolg verdammt. Wenn man von der Philosophie zur Psychologie übergeht, könnte man sagen, daß das östliche Denken eine andere Lösung für die depressive Überlastung, aus der der Entstehungszustand (und somit auch die Verliebtheit) hervorgeht, gefunden hat. Statt ein einziges in der Liebe nicht ambivalentes Wesen zu suchen, das den Durst stillt, versucht man den Durst zu überwinden; statt nach totalem Glück und Enthusiasmus zu jagen, versucht man die Überwindung von Glück und

Schmerz: Nirwana heißt Friede, Loslösung von den Leidenschaften. An die Stelle der Verliebtheit tritt eine »erotische Kunst«, durch die wir für uns selbst von anderen Personen Lust erlangen können, ohne aber von irgendeiner unersetzbaren Person abhängig zu sein, durch die, wenn man sie verlieren würde, alles verloren wäre. Das erotische Wissen nutzt die individuellen Neigungen, die Vorlieben, die jeder hat, lehnt aber auf eine totale Art ab, sich an ein einziges Individuum zu binden. Historisch gesehen bildete sich dieses erotische Wissen in den Harems aus, im sexuellen Kommunismus der religiösen Gruppen und der religiösen Prostitution. Diese Art von Erotik entwickelte sich auf dem Hintergrund des verheirateten Paares und daher der Familie. Die Familie war, sowohl in Indien wie auch in China, ein Produkt der Begegnung zwischen den Familien, so daß die individuelle Begegnung so gut wie nicht zählte. Die erotische Kunst diente dazu, eine Beziehung, die für sich allein keinerlei Gründe hatte, befriedigender zu gestalten. In den oberen Klassen, wo sie entstanden war, wurde sie allgemein praktiziert, um Konkubinen haben zu können. Die Sexualität war von der Ehe getrennt, getrennt von der Leidenschaft, sogar getrennt von der Verbindung mit einer einzelnen Person. Im Abendland war die Entwicklung genau umgekehrt: Der leidenschaftliche Eros verschlang die Sexualität, die Verbindung, die Ehe, ja sogar die Zeugung. Nur das Abendland, nur Europa hat versucht, die Monogamie zu realisieren, indem sie sie als Ideal verherrlichte.

Nur in Europa ist man bereit, bis zu einem gewissen Punkt, dem Entstehungszustand der Verliebtheit die Stabilität des Paares, der Familie und sogar das Fortbestehen der Spezies anzuvertrauen. Was dann ja wohl heißt, daß man die Wahl eines Ehepartners, eines Menschen mit dem man ein Kind haben möchte, der Verliebtheit überläßt. Das heißt, daß man das Kind nur von der Person haben möchte, die in unseren Augen als eine absolut außergewöhnliche Person erscheint, einer Person, die vor allen anderen vorgezogen wird, im absoluten Sinn, einer Person, für die man bereit ist, gegen alles andere zu kämpfen. Der unglaubliche Individualismus des Westens, sein Konzept, den Menschen als etwas absolut Einmaliges und Wertvolles zu sehen, hat sich durch die Erfahrung aufgebaut, daß zwei Menschen – jeder außergewöhnlich in den Augen des anderen – wiederum etwas in die Welt setzen müssen, was in ihren Augen auch außergewöhnlich ist.

All dies fehlt in der Tradition des Ostens: Die Sexualität hat ihren Freiraum in der erotischen Kunst gefunden, sie ist von der Leidenschaft für eine einzelne Person, die einzigartig und unersetzbar ist, abgetrennt. Es gibt also keine Verliebtheit, keine krankhafte Eifersucht, kein heftiges Verlangen, keine Versteinerung, keine Sehnsucht. Vor allem die Sehnsucht, diese Krankheit des Westens, die wunderbare Bilder dessen, was möglich ist, im Herzen festhält, und die vielleicht – man weiß weder den Tag noch die Stunde – die Türe zu einer glücklichen Zeit, zu dem leuchtenden Sonnenaufgang eines neuen Tages, aufstößt.

Nach dem Krieg näherte sich das Denken des Ostens dem des Westens an. Einerseits, vor allem durch den Marxismus, fand die »Hoffnung des Abendlandes«, eine systematische Komponente des westlichen politischen Denkens, Eingang in das Denken der östlichen Länder. Auf der anderen Seite bahnte sich die Skepsis des Ostens, was die religiösen, politischen und personellen Absolutismen des Abendlands anbelangt, ihren Weg zu uns. Vor allem im Bereich der Beziehungen wird immer stärker das Prinzip der monogamen Exklusivität kritisiert.

Auch im Westen bilden sich kollektive Formen und gnostisch-östliche Erfahrungswege heraus, die sichern, daß ein geistiger und erotischer Zustand auf ganz anderen Wegen als denen der individuellen Verliebtheit erreicht wird. Die moderne Wissenschaft hat einen so hohen Grad der Relativierung erreicht, daß sie absolut bezweifelt, daß irgendein Phänomen ein inhärentes Konzept hat, und dieser Zweifel betrifft nicht nur die Relativität dessen, was sichtbar ist. Wahrscheinlich ist die Verliebtheit als »Form des Wiedererkennens« innerhalb einer Bewegung zum Untergang verdammt. Wenn es so ist, ist dieses Buch ein Symptom für diese Veränderung. Hegel sagte, daß unser Erkenntnisvermögen, wie die »Eulen der Minerva«, die nur im Dunkeln fliegen, die Bedeutung eines sozialen Phänomens und einer Institution nur im Moment ihres Untergangs begreift, eben dann, wenn die Dunkelheit bereits einbricht. Es ist sehr schwierig, auf einem solchen Gebiet Voraussagen zu machen. Natürlich gründeten in der abendländischen Geschichte die Bewegungen immer auf der Basis totalitärer Ideologie, fanatischen Eifers und Intoleranz. Eine kritische Analyse der Bewegungen und des Ursprungs von Ideologien könnte Überlegungen und Programme in die Wege leiten, durch die in Zukunft Katastrophen vermieden werden könnten. Wenn diese Analyse dazu dienen würde, neue Fanatismen zu vermeiden, hätte sie ihre historische Aufgabe erfüllt. Und da die Verliebtheit im Grund gleicher Natur ist wie die Bewegungen, muß auch die Verliebtheit analysiert, studiert und verstanden werden. Andere Wege müssen gefunden, andere Institutionen erfunden werden. Wahrscheinlich bleibt der Entstehungszustand und auch die Verliebtheit, was sie ist, am Ende wird sie nur ihre kulturelle Verbreitung, ihre Beziehung zu anderen sozialen Formen, verändern. Ich sage das, weil kulturelle Traditionen meist nicht verschwinden, sondern nur in anderer Form wieder auferstehen. Zivilisationen überleben immer Jahrtausende.